未確認生物とは……

UMAとは未確認の生物のことだ。目撃者はいるけれど、きちんと確認したわけではなく、正式に調査もされていない生物をさす。目撃者が何人いたとしても、捕まえたり調査したりしなければUMAなのだ。

UMAは「ユーマ」と読む。未確認生物＝Unidentified Mysterious Animalsの頭文字をとった名前だ。つい「ウーマ」と読んでしまいそうになるが、未確認飛行物体が「UFO（ユーフォー）」と読むことを思い出せば、間違えることはないだろう。

UMAは宇宙人のようだったり、伝説の生き物のようだったり、新種の生物のようだったりと、いろんなタイプが存在している。確認してしまえばきちんと分類できるのだろうが、未確認のなので、みんなひとくくりに「UMA」と呼ばれている状態だ。

地球上の生物は137万種以上いるとされるが、これはあくまで人間の五感（見る、聞く、嗅ぐ、味わう、触る）で感じ取れる生物だけの話だ。

身近にいるのに、なかなか存在を感じ取れない生物もいるだろう。数が少なすぎて、なかなか出会う機会がない生物もいるだろう。深海や地底など、人が直接訪れることのできないような場所にも、まだ発見されていない生物がいることだろう。

UMAはまだまだ、地球上にたくさんいる。そう、きみも、UMAを目撃する可能性がじゅうぶんあるのだ。

UMAデータについて

国・地域	日本
場所	森林　浜辺
特徴	長い尾　ヒョウ柄の体毛
体長	1〜1.5メートル
危険度	■■■□□

【危険度】赤の5段階で表示。
【場所】UMAが目撃されたり、出現した痕跡のある所。

【危険度の見方】

赤の表示1…ほとんど害を与えない。
赤の表示2…怪現象を起こす。迷惑行為をする。
赤の表示3…軽傷を負わせる。家畜を襲ったことがある。
赤の表示4…重傷を負わせる。病気にさせる。頻繁に家畜を襲う。死体を食う。
赤の表示5…殺人をする。呪いをかける。大事件に発展したもの。

5大UMAって？

みんなはUMA（未確認生物）と聞いて、どんな生物を思い浮かべるだろう。日本に伝わるツチノコだろうか？　それとも、ゲームなどにも登場するクラーケン？

よく知られているUMAや人気のUMAはいくつもあるけれど、中でも世界で最も有名なもの5体を、ここでは5大UMAと呼ぶ。

❶チュパカブラ…生物から血液をすべて吸い取る。
（8〜15ページ）

❷イエティ…ヒマラヤに棲む雪男。
（32〜37ページ）

❸ビッグフット…森に棲む足の大きな獣人。
（58〜63ページ）

❹シー・サーペント…世界各地の海で人を襲う。
（122〜127ページ）

❺ネッシー…ネス湖に棲む巨大生物（152〜157ページ）

　UMAに興味がない人でも、きっと名前くらい聞いたことがあるUMAばかりではないだろうか。UMAに興味があってこの本を手に取ったきみなら、よく知っているかもしれない。
　この本では、5大UMAの特徴や大きな事件などを、わかりやすく紹介している。体にどんな特徴があるか、どのくらいの大きさか、どこに棲んでいるか、どんな事件を起こしたか……。まずはUMAの代表選手とでもいうべき5体に詳しくなって、UMA博士をめざそう！

未確認生物 UMA もくじ

陸 ……… 7

- チュパカブラ ……… 8
- ドーバーデーモン ……… 16
- モンゴリアン・デスワーム ……… 18
- エイリアン・ビッグ・キャット ……… 20
- フォウクモンスター ……… 22
- アルマス ……… 24
- タギュア・タギュア・ラグーン ……… 26
- ヨーウィ ……… 28
- スカンクエイプ ……… 30
- イエティ ……… 32
- リザードマン ……… 38
- 翼ネコ ……… 40
- フラットウッズ・モンスター ……… 44
- ナンディベア ……… 46
- ジェヴォーダンの獣 ……… 48
- サンド・ドラゴン ……… 50
- ミネソタ・アイスマン ……… 52
- グラスマン ……… 54
- ドッグマン ……… 56
- ビッグフット ……… 58
- キャビット ……… 64
- ケンムン ……… 66
- ベア・ウルフ ……… 68
- ツチノコ ……… 70
- ヒツジ男 ……… 72
- 太歳 ……… 74
- ブラック・ドッグ（ファントム・ドッグ） ……… 78
- ヒバゴン ……… 80
- ウマ人間 ……… 84
- ケサランパサラン ……… 86
- モノス ……… 90
- 多頭人 ……… 92
- ナイトクローラー ……… 94
- エクスプローディング・スネーク ……… 95
- トヨール ……… 96
- モンキーマン ……… 97

タッツェルヴルム……98	ペシャクパラング……119
ミニョコン……99	透明人間……120
オラン・ペンテグ……100	
ヤマピカリャー……101	# 海水・淡水 …121
イエレン……102	シー・サーペント……122
シャドウ・ピープル……103	クラーケン……128
ベーヒアル……104	オラン・イカン……131
ヴェオ……105	グロブスター……132
ジャイアント・カンガルー……106	オクトパス・ギガンテウス……134
ナリーポン……107	デスモスチルス（南極ゴジラ）……136
マピングアリ……108	ドアルクー……138
ダートムーアの野獣……109	ナウエリート……140
ガゼガ……110	タキタロウ……142
ジャッカ・ロープ……111	ニンゲン……144
バッツカッチ……112	ニューネッシー……146
スレンダーマン……113	カバゴン……150
ムノチュウ……114	キャディ……151
モントーク・モンスター……115	ネッシー……152
マンティコア……116	ナーガ（メコンナーガ）……158
ガタゴン……117	イッシー……160
ヘンティフィア……118	オゴポゴ……162

インカニヤンバ‥‥‥‥164	アスワング‥‥‥‥196
モケーレ・ムベンベ‥‥‥166	ジャージー・デビル‥‥198
クッシー‥‥‥‥168	スカイフィッシュ‥‥‥202
ハニー・スワンプ・モンスター‥170	ローペン‥‥‥‥206
トカゲ男‥‥‥‥172	ジーナフォイロ‥‥‥208
カエル男（フロッグマン）‥174	ビッグ・バード‥‥‥210
テンシー‥‥‥‥176	フライング・ヒューマノイド‥212
ミゴー‥‥‥‥177	オウルマン‥‥‥‥214
ペイステ‥‥‥‥178	ポポバワ‥‥‥‥216
ニンキナンカ‥‥‥‥179	スペース・キャタピラー‥217
バンイップ‥‥‥‥180	ヴァウォコジ‥‥‥218
ラウ‥‥‥‥181	オラン・バディ（オラン・バッチ）‥219
ロッキー‥‥‥‥182	マンバット‥‥‥‥220
ジャノ‥‥‥‥183	クリッター‥‥‥‥221
ナミタロウ‥‥‥‥184	プラズマ生命体‥‥‥222

空‥‥‥‥185

	吸血怪鳥‥‥‥‥223
	空飛ぶ仏教僧‥‥‥224
コンガマトー‥‥‥‥186	スカイ・サーペント‥‥225
サンダーバード‥‥‥188	変形生命体‥‥‥‥226
フライング・サーペント‥190	
モスマン‥‥‥‥194	

●日本に残るミイラ―UMAか
　妖怪か？‥‥‥‥227
●光体のUMA‥‥‥‥228
●まだまだいる猿人たち‥‥230
●マンモスはまだ生きている？‥232
●恐竜が進化したら
　UMAになる？‥‥‥‥234
●宇宙人かUMAか？‥‥235

陸(りく)

チュパカブラ、ビッグフットなど、
陸(りく)で姿(すがた)や足跡(あしあと)が目撃(もくげき)された
61体(たい)

家畜(かちく)を襲(おそ)って
血(ち)をすべて抜(ぬ)き取(と)る
吸血怪物(きゅうけつかいぶつ)

チュパカブラ

8

吸血UMAとして有名なチュパカブラ。ストロー状になった舌で家畜の血を吸い上げて、カラカラに干からびさせてしまう。

1995年以降、次々と事件が起こり人々を恐怖におとしいれた。殺された動物の首や下あごには、直径6〜12ミリメートルの穴があいていて、ここから血を吸い取ったのだと思われる。その後、家畜だけでなく人間が襲われる事件も起こった。

チュパカブラが出ると、UFOが目撃されることが多いという。チュパカブラは宇宙からやってくるのか。事件は現在も起き続けているので、正体が確認される日も来るだろう。

国・地域	アメリカ　メキシコ　プエルトリコ　グアテマラ　チリ　ブラジル　アルゼンチンなど
場所	農場　住宅地
特徴	灰色〜深緑色　楕円形の頭　体じゅうに硬そうな毛　背中にトゲトゲ　アーモンド型の真っ赤な目　長さ30センチメートルのとがった舌　前足後ろ足ともにかぎ爪のある3本指　翼があるともいわれる
体長	0.9〜1.2メートル
危険度	■■■■■

チュパカブラの名前の由来

チュパカブラという呪文のような名前は「ヤギの血を吸う」という意味だ。しかし本当は、チュパカブラの獲物はヤギだけではない。ウシやヒツジなどの大型の家畜、ウサギやニワトリやアヒルなど小型の家畜、そのほかイヌやネコなどのペットまでが、チュパカブラのターゲットとなる。

チュパカブラに襲われるとこうなる！

チュパカブラが殺した死体には特徴があるので、ほかの獣に襲われたのではないことがすぐわかる。
① 血液など、体内にある水分が全部なくなり、カラカラに干からびている。
② 首やあごに直径0.6〜1.2センチメートルほどの穴が見つかる。
③ 穴は細くて長い。筋肉をつき破り、体内に向かって深くあいている。
④ 傷は穴だけ。ほかの傷は見当たらない。

これがチュパカブラだ!

顔　グレイタイプの宇宙人に似ている。

舌　長さ30センチメートル。とても細く、先は鋭くとがり、ストローのように中心に穴があいている。

腕　コウモリのような翼を持つものもいる。このタイプは空を飛べる。

背中　トゲトゲには薄い膜。飛び立つ前に左右に揺らす。

足　肉のつき方がヤギの足のよう。6メートルもジャンプできる。

体の色　まわりに合わせてカメレオンのように色を変える。

11

チュパカブラの正体

人間が作り出したモンスター？

　チュパカブラは人間が作り出した生物だという説がある。戦争に関係する実験により、生まれたという噂があるのだ。
　噂によると、人々に知られないように遺伝子の研究をしているチームがあり、そこで実験台にされていた生物だとか。遺伝子をいじったことにより生まれたモンスターだというのだ。
　高い運動能力や強い肉体を持つ生物なら作れそうにも思うが、鋭い舌で血を吸い取るというとんでもない生き物が、果たして人間の手で作り出せるものなのだろうか。

地球外の生物か？

　チュパカブラはUFO多発地域で目撃されることが多いため、地球外の生物だという説がある。UFOが目撃されると、次の日に家畜が襲われる。また、家畜がUFOに吸いこまれていく場面を見た人もいる。家畜の血をUFO内で抜き取って、その後、死体を農場に捨てていくのだろうか。
　1984年には、プエルトリコのエル・ユンケ山にUFO墜落事件が起き、その後、正体不明の生物が山をうろつくようになったという。
　興味深いのは血液検査の結果だ。ケガをしたチュパカブラが残したと思われる血液を分析すると、地球上のどんな生物とも一致しないというのだ。チュパカブラは、まだ血液サンプルが採られていない新種の生き物なのか、それとも地球外生物なのか？

チュパカブラ目撃情報

最初の事件発生!

　最初の事件が発生したのは1995年3月。プエルトリコで、家畜のヤギが8頭殺されたのが始まりだった。ヤギの死体は血液が残っていない状態。野生の動物の仕業だともいわれたが、血がなくなっていることの説明がつかなかった。

　8月に入ると、目撃情報が出てきた。プエルトリコのカノバナス村で、一人の女性がチュパカブラを目撃。その後、この村の近所では家畜が襲われて血が抜かれるという事件が続々と起こった。

　1996年1月には、警官とその友人がチュパカブラと遭遇する事件が起きている。

　夜の9時頃、警官は友人とドライブをしていた。運転手は友人で、警官は助手席に座っていたという。暗闇の広がる森に入ったあたりで、警官は赤く光るものに気がついた。二人が近づいてみると、そこにはチュパカブラの姿があった。光るものはチュパカブラの大きい目だったのだ。

　宇宙人のような顔つきをした大きい頭。直線を横にスッ

と引いたような、くちびるのないまっすぐな口。口からは鋭くて長い舌が、出たり入ったりしていた。
　二人がさらに近づくと、背中からトゲトゲを出し、ブーンと低い音を立てた。そしてトゲトゲを左右に何度も動かした後、地面から飛び立って姿を消したという。

チュパカブラの子どもか？

　2001年5月には、チリのとある家で正体不明の生物がピョンピョンと飛び跳ねるところが目撃された。その2日後、台所で飼いイヌが騒ぐので見に行ってみると、そこには追いつめられて怖がっているモンスターがいた。
　姿はチュパカブラそのものなのだが、体長約40センチメートルほど。モンスターはイヌに吠え立てられておびえていた。イヌがモンスターの足に咬みつくと、キーキーと鳴いて逃げまわり、開いていたドアから逃げ出したそうだ。
　見た目はチュパカブラなのだが、体のサイズやおびえ方などから、子どもだったのではないかという話だ。ちなみにこの家では、謎の体毛や足跡なども見つかっている。

今も起きている家畜の大量殺害

　2018年3月、ブラジルでニワトリが大量殺害されるという事件が起き、チュパカブラが犯人ではないかという噂が立っている。

　事件が起きたのはブラジル南部にあるクリチバ。家畜のアヒル、ガチョウ、ニワトリなどが鳥小屋の中で60羽も死んでいたのだ。生き残ったのはたった2羽だけだった。

　殺された鳥たちは心臓や胸や首などに切られたあとがあった。地元のメディアが掲載した写真を見ると、鳥の胸のあたりに鋭いものをつき立てたような穴があいている。チュパカブラが舌をつき刺したあとだろうか。

　鳥小屋の持ち主によると、60羽もの鳥が殺されたにもかかわらず、とても静かだったそうだ。いつもなら、鳥たちは人間が近寄ると激しく騒ぐが、そのときは、だれも鳥たちが鳴く声を聞かなかったという。

怪生物の顔にあるのは光る目だけ

ドーバーデーモン

　1977年4月21日から23日という短期間で、目撃者が続々と出たドーバーデーモン。細い手足に大きな頭、顔にあるのは目だけという宇宙人めいた外見をしている UMA だ。

　最初は17歳の少年が、車を運転中に目撃。2時間後には2キロメートル離れた場所で15歳の少年が道で出くわした。翌日になると、さらに3.7キロメートル離れた場所で、ドライブ中の18歳と15歳の少年が目撃している。ドーバーデーモンは人間に気づいても、攻撃はしてこなかったという。

　攻撃してこないのなら、正体の調査もしやすそうだが、残念ながら出没情報はそれっきりだ。

国・地域	アメリカ
場所	住宅地　町
特徴	オレンジ色〜ピンク色の体　ざらついた皮膚

西洋スイカ型の頭　オレンジ色〜赤色、または緑色の目
鼻、口、耳はない　頭と同じ大きさの体　細い手足と首

体長	1.2 メートル

危険度

一瞬(いっしゅん)で生命(せいめい)を奪(うば)う殺人(さつじん)ミミズ

モンゴリアン・デスワーム

18

ゴビ砂漠の地中深くに隠れていて、通りかかった生き物を一瞬で殺してしまう、モンゴリアン・デスワーム。口から出す毒液またはガスで、生き物を殺す。しっぽからは電気が流れ、相手を感電させることもできる。

事件は多く起こっていて、これまでに数百人が殺されているという。デスワームを木の棒でつついた男は、連れていたウマとともにその場で死んだ。外で遊んでいて、うっかりデスワームに触れてしまった子どもが即死、デスワームを追いかけた親も死亡した。6～7月の雨期に姿を現すというから、要注意だ。

国・地域	モンゴル
場所	砂漠
特徴	ミミズのような姿
	口のまわりにキバがある
	赤色～赤茶色の体色　黒い斑点がある
体長	0.5～1.5メートル
危険度	■■■■■

人間を襲う超ビッグサイズのネコ
エイリアン・ビッグ・キャット

イギリスの広い地域で見られるエイリアン・ビッグ・キャット。名前のとおり、とても大きなネコだ。ネコが体高120センチメートルまで大きくなるはずはなく、またヒョウやピューマもイギリスには棲息していない。しかし、遭遇した人はピューマそのものだったと証言している。

1962年から目撃の情報が増え始め、2004～2005年の目撃情報は何と2000件以上。ペットのウサギを食われたり、襲われて負傷した人までいる。現在ではイギリスだけではなく、アメリカやニュージーランドでも目撃情報がある。

国・地域	イギリス　アメリカ　ニュージーランド
場所	住宅地　雑木林
特徴	黒色、茶色、しま模様など　長い尾
体長	体高0.6～1.2メートル
危険度	■■■■□

楽しみながら家畜や人に襲いかかる
フォウクモンスター

　フォウクモンスターは、沼に棲む毛むくじゃらの獣人だ。腐ったゴミのような臭いをさせていることが特徴で、性格は凶暴だ。家畜のブタを引き裂いて殺したり、人間に襲いかかったり、ウシを追いかけたりしたという記録が残っている。
　この怪物は、食料を得るためにほかの生物を襲うのではないらしい。ただ、殺したいから殺しているというから悪趣味だ。
　野生のブタが襲われて引き裂かれていたときも、一口も食べた跡がなかった。ただ地面に無惨な死体が転がっていただけだという。

国・地域 アメリカ
場所 住宅地　沼地　森林
特徴 くぼんだ目　太い腕　筋肉のついた太もも
　　　　黒っぽい体毛　長い指　足跡33センチメートル
体長 1.8〜2.3メートル
危険度 ■■■■□

目撃者 500 人以上、存在確実の獣人
アルマス

　全身毛むくじゃらで、２足歩行する獣人アルマス。獣人のUMA は数多くいるが、その中でアルマスの存在は、ほぼ確実なのだという。標高 2400 〜 3600 メートルのところに棲み、あちこちの山で姿を見せる。

　木の実、虫、小動物などを食べる雑食性。普段は山から下りてこないが、食べ物を求めて人里にやってくることがある。家畜小屋などは荒らすが、人間を襲うことはない。

　危険だと判断すると、時速 60 キロメートルものスピードで走って逃げるという。このとき「ブーンブーン」という声を上げるそうだ。

国・地域	ロシア（西シベリア）
場所	山　森林　洞くつ
特徴	赤色〜茶色　体毛 15 センチメートル

足のサイズ 20 〜 40 センチメートル

足の指の長さ 7 〜8センチメートル

体重 200 キログラム

腰布を着けていることもある

体長	1.6 〜 2.2 メートル
危険度	■■□□□

24

人間の顔、角、たてがみ……想像の産物か？

タギュア・タギュア・ラグーン

　その姿を見ると、神話の中のキャラクターとしか思えないのが、タギュア・タギュア・ラグーンだ。体長18メートルというだけで驚きだが、人間の顔、龍の体、コウモリの翼、しっぽは2本、たてがみ、裂けた口……。神に戦いを挑んだ悪魔、といったような外見の持ち主なのだ。

　1784年に退治の記録がある。農場に現れて家畜を食い尽くしたため、男性100人が立ち向かった。その結果、無事に捕獲されたという。

　……この話は200年以上前のこと。ひょっとすると、土地に伝わる民話の中の生き物が、未確認生物として語られるようになっただけかもしれない。

国・地域	チリ
場所	町
特徴	人間のような顔　竜のような体　コウモリのような翼　全身にウロコ　2本の尾　大きく顔の横まで裂けた口　悪魔のような角　長いたてがみ　鋭いかぎ爪
体長	18メートル
危険度	

大型化石原人の生き残りか？
ヨーウィ

　サルとヒトの間のような特徴を持つ、ヨーウィ。目撃情報も多く、写真も足跡もとられている。ブルーマウンテン一帯で目撃が多発しているため、このあたりに巣があると考えられているそうだ。奇声を発したり、人に石を投げつけたりしたという記録がある。

　ヨーウィには2種のタイプがあるという。1つはサルに近い小柄なタイプで、道具や火を使わない。もう1種は、火を起こすことができる大型獣人だ。その正体は、大型の化石原人、メガントロプスの生き残りである可能性が高いといわれている。

国・地域	オーストラリア
場所	森林
特徴	大きくてくぼんだ目　がっしりとした腕と足　肩にめりこんだ頭　額から眉あたりがふくらんでいる　長い腕　茶色っぽい長毛
体長	1.5～3メートル
危険度	■■■□□

目を開けられないほどの刺激臭
スカンクエイプ

　スカンクエイプは、スカンクという名のとおり、臭いが特徴の生物だ。

　ヤギのフンに、腐った卵やカビの生えたチーズなどを混ぜたような臭いといわれるが、どんな臭いなのだろう。想像するのはむずかしいが、目を開けていられないほどの刺激臭らしい。この臭いは敵を遠ざけるために使うこともあるほど、強力な臭いなのだ。

　2002年にアメリカのテネシー州で目撃者が続出した。異様な臭いを放つオランウータン似の怪物が現れ、イヌやネコなどのペットを次々と殺害し、女性を襲ってけがを負わせたという。

国・地域	アメリカ
場所	森林
特徴	赤色〜赤茶色、または灰色の体毛　前に出た口　大きなキバ　35〜45センチメートルの足跡　オランウータンに似ている
体長	2メートル
危険度	■■■■□

ヒマラヤに棲む巨大な雪男
イエティ

　イエティという名前を知らない人でも、雪男といえばわかるだろう。イエティはヒマラヤの山に棲む雪男だ。神話にも出てくるほど古くからいる生物だが、目撃情報として残っているのは1889年が最初である。

　1889年、標高約5200メートル地点で、イギリス陸軍の中佐が足跡を発見。1951年にはイギリスの登山家が長さ45センチメートル・幅32センチメートルもの足跡を撮影した。その後、足跡だけでなく、イエティの姿も写真に撮られ、目撃情報も増え続けた。巨大な雪男なのだから怪力に違いないが、襲われたという情報は見つからない。

- **国・地域**　ヒマラヤ
- **場所**　雪山
- **特徴**　黒っぽい色～赤茶色　全身毛むくじゃら　足の指は5本で2本が大きく3本は小さい　平らなかかと
- **体長**　1.5～4.5メートル
- **危険度**　■■□□□

イエティ 3つのタイプ

大人の女性ほどの身長のものから、1軒の家よりも高い身長を持つものまで、イエティの大きさは幅広い。体の大きさから3種類のイエティがいるとされる。

- ●大型タイプ…身長4.5メートルほど。性質はおとなしくおだやか。
- ●中型タイプ…身長2.4メートルほど。雪がたくさん積もる高い山で、目撃される。
- ●小型タイプ…身長1.5メートルほど。性質はおとなしく、はずかしがり屋。

頭の皮が発見される!?

いつからか、ヒマラヤの3か所の寺に、イエティの頭の皮だとされるものがまつられていた。それは、水泳用の帽子をすっぽりと脱いだような形で、てっぺんが山のように少しとがっている。黒っぽい毛が生えていて、イエティの頭から切り取ったものだといわれれば、確かにそのように見える。

その頭皮について、いくつかの団体が調査を行っている。
・1954年　イギリスの調査隊による調査。
・1959年　日本の東京大学医学部で結成された雪男探検隊による調査。
・1960年　エドモンド・ヒラリー氏（エベレストに登った最初の人）の探検隊がイギリスに持ち帰って調査。

（写真提供／アフロ）

▲イエティの頭皮だといわれる皮

イギリスの調査で、この頭皮はヒマラヤカモシカの毛皮で作ったものだと発表された。しかし日本の探検隊は、ヒトに近い生物の可能性は否定できないと分析した。

果たしてどちらが本当なのだろうか。頭皮はイエティのものなのか？それともほかの生物の毛皮なのか？

イエティの正体は何!?

イエティの正体は、人間が誕生する前にいた猿人の生き残りだという説や、ヒグマだという説などがある。はたして、イエティの正体は……?

● ギガントピテクス説

約170万～1万年前に生きていた、ギガンドピテクスがイエティの正体だという説がある。絶滅せずに生き残った何匹かが、現在も細々と生き続けているというのだ。

ギガンドピテクスの名は、大きなサルという意味。体つきはヒトに近いが、体長約3メートルほど、体重500キログラム以上だったとされる。この大きさは、イエティ目撃者の証言と一致する。またイエティが目撃される地域は、ギガンドピテクスがいたとされる中国の南部で、場所も一致する。

● ネアンデルタール人説

約15万～3万5000年前にいたネアンデルタール人が、イエティの正体だという説もある。

ネアンデルタール人は身長160センチメートルほど、体重は100キログラム程度だったといわれている。この体型はイエティの姿とは一致しないため、可能性は低いそうだ。

● オランウータン説

類人猿オランウータンが、イエティの正体だという研究者もいる。オランウータンは体長1.5メートル、体重70キログラム以上。熱帯雨林に棲むものの、中国の南部で化石が発見されたこともある。そんな理由から、イエティは何らかの理由で高山に移動したオランウータンではないか、という見方がある。

● チベットヒグマ説

日本の登山家・根深誠氏は、チベットヒグマがイエティの正体だという説を主張している。

「イエティ」とは雪男という意味だが、現地では雪男を「メティ」と呼ぶ。メティはヒトに似ているが毛むくじゃらで、サルでもクマでもなく、2本足で立ち上がる動物だという。

そして現地の人々は、チベットヒグマを見ると「これがメティだ。」と言うそうだ。

イエティの存在が書籍に書かれる

　イエティの存在が世に知られることとなったのは、1889年。今から約130年も昔のことだ。インドのシッキム州、標高約5200メートルの場所で巨大な足跡が発見された。発見者はイギリス陸軍のウォーデル中佐で、彼はこのできごとを著書の中に書き、イエティの存在を人々に知らせた。しかし、まだ、このときは写真は撮られていなかった。

足跡の撮影に成功

　ウォーデル中佐が足跡を発見してから、62年の時を経た1951年。とうとう、足跡が撮影されるときがきた。
　11月、イギリスの登山家シプトン氏は、医師のウォード氏とともにエベレストを登山。その帰り、標高6000メートルのメルメン氷河で、巨大な足跡を発見したのだ。
　5本の指があり、人間の足跡に似てはいるが、そのサイズは長さ45センチメートル、幅32センチメートル。人間ではありえない大きさだった。また、5本の指のうち2本が大きく、3本は小さくくっついている。かかとはペタンと平らな形をした足跡だった。
　まだ歩いたばかりだったのだろう、雪の上に残った足跡はくっきりとしていた。シプトン氏はイエティのものだと考え、写真を撮影。点々と続く足跡を追ったが、1キロメートルほど進むと見失ってしまった。
　この写真がきっかけで、イエティは世界的にとても有名な存在となったのだ。

（写真提供／アフロ）

◀ 1951年、シプトン氏が撮影した写真

イエティそのものの撮影に成功

何度も足跡が発見され撮影されていたイエティ。足跡だけでなく、実物の目撃もされていたが、実物の写真は、まだ撮影されていなかった。写真の撮影に成功したのは1986年のことだった。

撮影者はイギリスのウールドリッジ氏。3月、彼が一人でヒマラヤを旅しているとき、とある森で足跡を見つけた。サイズは24.5センチメートルで大きくはないが、茂みから茂みへと続いている妙な足跡だったという。

30分ほどすると、大きな音とともに雪崩が起きた。雪崩の方向へ行ってみると再び足跡を発見。その先に黒い影が立っていた。身長は180センチメートルほど、てっぺんが山のようにとんがった頭、毛むくじゃらの体――そこにいたのはイエティだったのだ。

そのとき、ウールドリッジ氏とイエティの距離は、150メートルほど。音や振動を与えるとまた雪崩が起きる危険があったため、それ以上近づくことはできなかったと語っている。

このときの写真は本物か偽物か話題になったが、写真を見た霊長類（ヒトに近い生物）の学者は、イエティである可能性が高いという見方をした。

日本の登山家もイエティと遭遇

2002年には、日本の登山家の小西浩文氏がイエティと出くわしている。霧が濃い夜、ヒマラヤの標高1000メートルに建つ寺にいるときだった。

体長は1.7メートルほど、真っ黒い体で、ぼってりとした体型だったという。小西氏とイエティの距離は約1メートル。恐怖のあまり、小西氏は急いでその場から逃げたそうだ。小西氏だけでなく、イエティと出会った登山家は、ほかの国にも何人かいる。

３本指で人を襲うトカゲ人間

リザードマン

　３本指で人を襲うトカゲ人間、リザードマン。スケープオレ沼近くで目撃情報が多く、３本指の足跡が見つかったり、人が襲われる事件も起こったりしている。

　沼付近で車のタイヤ交換をしていた人物は、車の屋根によじ登られ窓の隙間から手を入れられた。車を発進させて振り落としたそうだが、すさまじい恐怖だったことだろう。

　空軍の兵士が襲われて首を傷つけられたこともあり、このとき兵士は銃を撃って抵抗したという。この事件の後、リザードマンは現れていない。銃がよほど怖かったのだろうか？

国・地域	アメリカ
場所	町　湿地
特徴	赤く光る目　山の形をした頭　鋭いキバ 筋肉の発達した足　緑色のウロコ　長い３本指
体長	２メートル
危険度	

背中に生えた2枚の翼で空を飛ぶネコ
翼ネコ

40

陸

背中に翼を持つ翼ネコ。目撃数は140件ほどで、写真も多く残されている。大きさや形はいろいろだが、皆、体毛と同じ色の毛が生えた翼を持っている。

1905年、イギリスの天文雑誌が、黒い翼で空を飛ぶ体長3メートルのネコに似た生物を紹介した。これは最大サイズのようで、写真に残っている翼ネコたちは通常のネコほどの大きさだ。

何件も目撃情報があるものの、人に危害を加えたというような情報はない。危険な生物でないのであれば、一度会ってみたいと思うネコ好きの人も多いのではないだろうか。

国・地域	世界各地
場所	町
特徴	ネコの姿　毛の生えた翼
体長	ネコサイズ〜3メートル
危険度	■□□□□

41

翼ネコの正体

空を飛べるかどうかは別として、翼のようなものを持つネコが存在することは確実のようだ。この翼のようなものは、いったい何だろう？

● ネコ型皮膚無力症説

翼の正体は「ネコ型皮膚無力症」による症状だという説がある。この病気は皮膚が異様に伸びる。そして、筋肉の繊維と皮膚がつながっている場合は、伸びた部分を動かすこともできるというのだ。

しかし、この病気によってできた翼では、大空を飛ぶことは無理だろう。

● 体毛説

日本のネコは毛が短いが、西洋のネコは長毛種が多い。長毛種のネコの毛が部分的にもつれたり、抜けた毛がからみついたりして垂れ下がり、これが翼のように見えたのではないかという説だ。毛のかたまりは軽いので、くっつけたままジャンプしたり跳ねまわったりすれば、羽ばたいているように見えることだろう。

また、年をとったネコは毛づくろいが苦手になることがある。そのため、飼い主がブラッシングをすると、古い皮膚ごとゴッソリとはがれ落ちることがある。これは決して珍しい現象ではないという。

野良ネコならばブラッシングの機会もないので、うまく抜け落ちなかった毛とともに、古い皮膚をぶら下げていることもあるかもしれない。これもまた空を飛ぶことは無理だが、写真に残されているような翼ネコの姿にはなりそうだ。

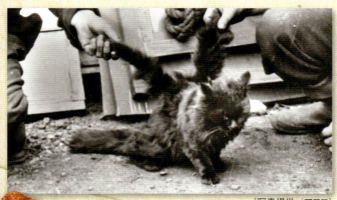

◀翼ネコ
(1970年代)

(写真提供／アフロ)

翼ネコが多く出現した年ー1966年

　1966年は翼ネコが多く姿を現した年だったという。なかでも有名な事件は、カナダのオンタリオ州アルフレッド村に出現したものだ。
　菓子店のレバース氏が、翼を持つ黒ネコを発見。翼を広げてスイスイと飛びまわり、鳴き声を上げながら、隣の家のネコを追いかけていた。
　レバース氏が追い払おうとすると、翼ネコは翼を広げたままスイーッと逃げようとした。このとき30センチメートルほどの高さまで浮いていたという。
　レバース氏は銃で翼ネコを撃ち、警察に通報。警察の調査によると、体重5キログラムの黒ネコで目は深い緑色。約35センチメートルの翼を持ち、キバは針のように鋭かったそうだ。
　1996年にたくさんの翼ネコが現れた理由は分かっていない。

緑色の服に身を包んだ宇宙人

フラットウッズ・モンスター

　数あるUMAの中で、宇宙人だとしか思えないのが、このフラットウッズ・モンスターだ。UFOの出現と同時に目撃されていることに加え、体の特徴や行動など、地球の生物とは思えない。

　頭にはスペードを逆さまにした形のヘルメットのようなものをかぶり、緑色に光るワンピース状のものを着ている。このかっこうが、ぶっ飛びすぎだ。こんな派手な地球生物はいないだろう。

　ワンピースのすそからはシューシューと音を立てて、臭いガスのようなものを出すが、人体に悪いかどうかは不明。すべるように移動したり、その場に浮かんだりという情報もある。

国・地域	アメリカ
場所	町
特徴	赤い顔　大きくて丸く、青みがかったオレンジ色の目　スペード型のかぶりもの　手の指は4本　緑色の服
体長	3メートル
危険度	■■□□□

獲物の脳を食いちぎる悪魔
ナンディベア

　人間の脳を食べる悪魔として恐れられているのが、東アフリカ一帯に棲むナンディベアだ。
　1919年に起きた事件が衝撃的である。農場が襲われて、7匹のヒツジが死んでいた。その姿は、脳が食われた無残な死体だったのだ。それだけでは終わらなかった。翌日には57匹ものヤギが被害にあった。やはりヤギたちも皆、脳を食われていた。
　ナンディベアは夜行性で、月が出ていない夜を好む。もし家に入ってきたら、原住民たちは家に火をつけてでも追い払うという。銃で撃ってもダメージを与えられないそうだ。

国・地域	ケニアなど東アフリカ一帯
場所	森林　山　農場
特徴	クマのような顔　ハイエナのような体 黒色〜茶色の体毛　前足に比べて後ろ足がとても短い 長い鼻　短い耳　体高1.3〜1.6メートル
体長	3.5メートル
危険度	■■■■■

46

60～100人の人間を殺した獣
ジェヴォーダンの獣

　1764年から1767年の3年間に、フランス中南部を荒らしまくった獣がいる。ジェヴォーダンの獣と呼ばれる怪物で、60～100人の死者が出たという。

　家畜よりも人間をよく襲い、頭を押しつぶしたり、切り落としたりしたといわれている。力が弱いのを知っているのか、特に子どもや女性が多く狙われた。

　国全体が恐怖におののき、ついに国王ルイ15世は、オオカミ狩りの名手を派遣したという。狩りが行われ、獣は地元の猟師により退治された。

国・地域	フランス
場所	町
特徴	オオカミに似ている　広い肩幅
	とがった大きな耳　巨大な口
	突き出たキバ　ライオンのような尾
	尾は曲がっているともいわれる　赤い体毛
体長	ウシくらい　1.7メートルともいわれる
危険度	■■■■■

49

砂漠を泳ぐヘビ型モンスター
サンド・ドラゴン

　サンド・ドラゴンは、2003年に発見された新種のUMAだ。見たところはただの大きいヘビなのだが、持っている能力はヘビではない。10メートル以上もジャンプするのだ。ヘビは体を左右にくねらせて前進するが、サンド・ドラゴンは上下に波打たせて移動するのが特徴だ。

　人間や動物も襲うため、非常に恐れられている。サンド・ドラゴンを見かけるだけで現地の人たちは逃げ出すので、まだ詳細はわからないままだ。

　これまでは逃げるだけで助かっているようだが、優れたジャンプ力で追ってこられたら逃げきることができるかどうか。それすらもわからない。

国・地域	アメリカ
場所	砂漠
特徴	黒色と茶色のまだら模様 大蛇のような姿
体長	5〜6メートル
危険度	

氷漬けで見世物となった獣人
ミネソタ・アイスマン

1967 ～ 1968 年の間、イベントなどで見世物となっていた猿人、ミネソタ・アイスマン。持ち主はハンセンという男で、氷漬けになったアイスマンを使って稼いでいた。

だが、アイスマンの頭に鉄砲の弾のあとがあったため、ハンセンに殺害の疑いがかけられた。調査が始まったとたん、ハンセンは「アイスマンはハリボテの人形だ。」と言い出した。

しかし、動物学者などはアイスマンの実物を見た上に臭いなどもかいていて、本物の死体だったとしている。その後、アイスマンが見世物になる回数は減り、やがて姿を消してしまった。

国・地域	アメリカで公開		
場所	町		
特徴	長い腕　筋肉のついた上半身　太い胴		

手のひらの長さ 27 センチメートル・幅 19 センチメートル

体長	1.8 メートル
危険度	

　グラスとは草という意味。グラスマンは草で寝床を作って暮らす、知能の高い獣人だ。草で作った寝床は大きく、キャンプに使うテントくらいはある。
　体はとても臭く、キーキーとしたいやな声を上げる。性格は凶暴で、イヌやシカを殺したり、人間に向かって岩を投げつけたりする。
　満月の夜に出没するため、その日にあわせて調査が行われた。すると、体長3メートルほどのグラスマンを発見。このとき赤外線探知機で森を調べたところ10体ほどの生物が確認され、グラスマンは集団で行動することがわかったという。

国・地域	アメリカ
場所	森林
特徴	黒っぽい色、または白色〜灰色の体毛　くぼんだ赤い目　3本指　足跡の長さ30〜40センチメートル　体重140〜450キログラム
体長	2〜3メートル
危険度	■■■□□

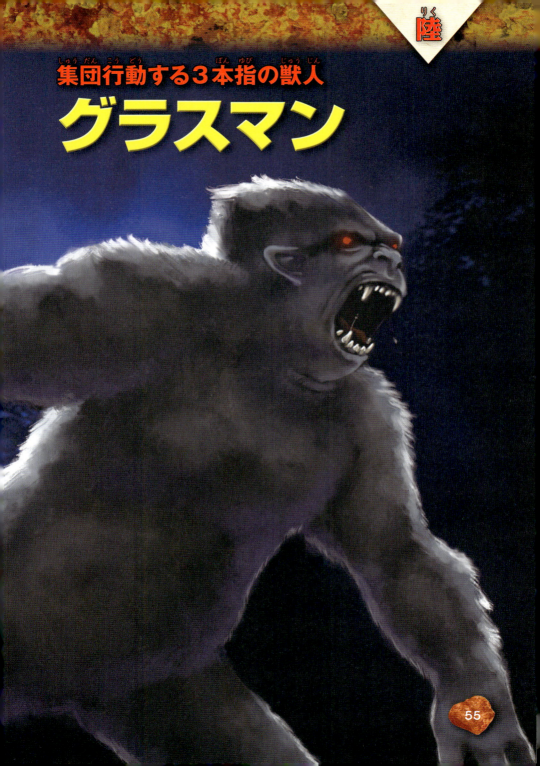

陸

集団行動する3本指の獣人
グラスマン

55

創作から抜け出たオオカミ男
ドッグマン

　ドッグマンは、2～3メートルもジャンプすることができ、500メートル先の音を聞き分けることができるモンスターだ。もともとは歌に登場するキャラクターだったという。歌がラジオで流れた後、その怪物を見たという情報が次々とラジオ局に届いた。
　家畜を狙っているかのようなドッグマンが農場で目撃されたり、シカ狩りのためにしかけてあったビデオカメラに映りこんだりしたこともある。カメラは地面にたたきつけられて壊されていたが、残された映像を調べてみると、オオカミのような目や歯などが写っていた。

国・地域	アメリカ
場所	森林
特徴	イヌのような顔　人間の体　全身黒い毛　尾がある　上下あわせて4本の鋭いキバ　足は3本指　手は5本指　爪は長くて鋭い
体長	1.8～2メートル
危険度	🟥🟥🟥🟨🟨

2000頭は生存している穏やかな獣人
ビッグフット

手形、足跡、体毛、フン、指紋などが採取され、声も録音されて、存在は確実とされている山の獣人ビッグフット。人間を毛深くしたような、ゴリラのような生物だ。目撃数などのデータから考えると、何と200〜2000頭は生存しているという。

性格はおとなしく、人間に攻撃をしかけるようなことはほとんどない。自ら人間に近づくこともなく、うっかり近づいてしまったときにも静かに去るのみだ。人間側から銃を撃ったとき、石を投げつけられたという記録があるが、攻撃に仕返しされるのは当然だろう。

国・地域 アメリカ　カナダ

場所 山

特徴 人間に似た顔　低い鼻　くぼんだ目
黒っぽい体毛　長めの腕　筋肉質の体
頭のてっぺんが後ろにせり出している
足の大きさ 30〜40 センチメートル
推定体重 200〜300 キログラム

体長 2〜3メートル

危険度

映画フィルムに撮影

―パターソン・フィルム―

　目撃例がとにかく多いビッグフットだが、特に有名なものは、映画のフィルムに撮影された姿だろう。1964年のことだ。

　アメリカのカリフォルニア州ユーレカのブラフ・クリークで、ロジャー・パターソン氏とボブ・ギムリン氏の二人が、巨大な足跡が発見された地点に映画のカメラをしかけた。

　二人があたりを見まわっていると、ビッグフットが前のほうを歩いているではないか。パターソン氏はカメラを持ってきて撮影を開始。動くビッグフットの姿を、みごとにカメラに収めたのだ。

　体長2メートルほどのビッグフットで、全身毛むくじゃら。体格などから、おそらくメスだろうと考えられた。ビッグフットは前方を歩いていたが、カメラに気づいたのか、くるりと振り向き、歯をむき出して見せた後、ゆっくりと森の奥へと歩いていった。

　この映像は目撃者の名前をとって「パターソン・フィルム」という名前で知られるようになった。パターソン・フィルムは着ぐるみ説や本物説が入り乱れ、自分が着ぐるみの中に入った人物だと名乗り出る者まで現れた。

　そして、撮影から40年以上も経過した2010年。アメリカのテレビ番組内で、フィルムが調べられた。コンピューターを使って、1コマ1コマ筋肉の動きや関節の位置を検証していくというものだった。これによると、フィルムに映った怪物は人間ではありえない形や動きをしてい

て、着ぐるみではなく本物のビッグフットだという結果となった。
　しかし今後もまだ、パターソン・フィルムは本物か偽物かという論争は続いていくことだろう。

▲パターソン・フィルムのビッグフット
（写真提供／アフロ）

指紋付きの足跡が残された
―ワラワラ事件―

1982年にはビッグフット目撃報告のほか、多くの足跡が見つかり指紋まで採取された。「ワラワラ事件」と呼ばれているできごとだ。

アメリカ・ワシントン州ワラワラ地区の森林警備隊員ポール・フリーマン氏が、オオジカを追っているときだった。赤っぽい毛に包まれた巨大なビッグフットと出くわしたのだ。体長は2メートルほど、ひざまで届くほど長い腕をしていて、重そうな足音を響かせていた。

ビッグフットもフリーマン氏に気づいたが、襲ってくるようなことはなく、体の向きを変えて去っていったという。このとき、ビッグフットまでの距離はわずか60メートルほどだったというから、フリーマン氏の恐怖はさぞ大きかったことだろう。

2時間後、現地の調査が行われ、21個の足跡が発見された。サイズは長さ35センチメートル、幅18センチメートル。地面が3センチメートルもめりこんでいて、かなりの重さであることがわかった。さらに1週間後には、40個の足跡が見つかり、中にはくっきり指紋が残っているものもあった。

1987年には、採取された指紋が京都大学霊長類研究所で調査され、「ヒトではないがヒトに似た生物のもの」だという結果が出た。

最近の調査や目撃情報

　2012年、本格的にビッグフットの調査を開始した人物がいる。アメリカ・アイダホ州立大学の人類学准教授、ビッグフット研究家のジェフリー・メルドラム博士だ。

　博士は、ビッグフットの特徴ある足跡に注目した。足の中央から指にかけて、前の半分だけ残る足跡だ。これは関節の曲がり方によるものだという。また、足跡の中ほどに残る「中断痕」と呼ばれる部分は、足を踏み出したときにできるもので、人間以外の大型霊長類（ヒトに近い動物）の証拠だと述べた。

　博士はさまざまなサンプルを専門機関に出し、DNAの分析などの調査を行っているという。ビッグフットがどういった生き物なのかが判明する日は、そう遠くないのかもしれない。

　ごく最近では2018年、アメリカ・ミシガン州でビッグフットとたまたま出会ったという男性が写真を撮影し、インターネットで話題を呼んだ。男性が釣りに出かけていたときのできごとで、出会ったときにはお互いが驚いて動けなかったという。体は小さめで、高い声だったということだ。

キャット+ラビットでキャビットという名がつけられたこのUMAは、上半身がネコで下半身がウサギの姿をしている。足の短いネコの種類があるように、ウサギのように足が発達したネコの新種なのだろうか。

　1977年に砂漠で発見されたのが最初で、このとき捕獲もされている。捕まえたのはチャップマンという男。この珍しい生き物を見せ物にして金儲けするつもりが、キャビットとともに行方不明になってしまったという。チャップマンはキャビットを捕まえたのではなく、ネコとウサギを掛け合わせて作り出したという説もある。

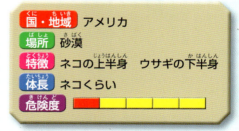

国・地域	アメリカ
場所	砂漠
特徴	ネコの上半身　ウサギの下半身
体長	ネコくらい
危険度	■□□□□

奄美大島に生きる河童似の生物

ケンムン

鹿児島県の奄美大島に伝わるケンムン。イタズラ好きで、頭には水の入った皿がある。魚介類が好きで、魚の目玉が大好物。河童に似ているにもかかわらず、木の精だといわれている。ケンムンの足跡は特徴的。竹で地面をつついたようにまん丸い形が残るのだ。体臭はヤギに似ていて、本人はこれを気にしているそうだ。

昔は目撃情報が多かったものの、戦後は見られなくなった。しかし、1986年に再び足跡が発見された。特徴のある丸い足跡が、砂浜に500メートル以上にわたり残っていた。足跡は、ケンムンが棲んでいるとされる洞穴から始まっていたという。

国・地域	日本
場所	町　浜辺
特徴	頭に皿　黒色または赤色の全身
	サルのような顔　おかっぱに切りそろえた髪
体長	1〜1.3メートル
危険度	

死体が好物のオオカミ男
ベア・ウルフ

　ベア・ウルフはアメリカに出没したオオカミ男だ。クマ（ベア）とウルフ（オオカミ）の特徴をあわせ持つので、こう呼ばれるようになった。

　動物の死骸を片づける仕事をしている男が、ベア・ウルフに出会った。車の荷台に積んである、シカの死骸を持ち去ろうとしていたのだ。その姿がバックミラーに映っていたので、男は車を発進させて逃げきったそうだ。

　この土地には、墓を荒らすシャギーという毛むくじゃらの怪物がいる。体の特徴や、死体を好むところを見ると、ベア・ウルフはシャギーである可能性が高そうだ。

国・地域	アメリカ
場所	町
特徴	オオカミのような顔　クマのような体　鋭い爪　黒っぽくて光沢のある長い体毛
体長	1.8～2.3メートル
危険度	■■■□□

賞金までかけられた日本の有名UMA
ツチノコ

国・地域	日本
場所	山　森林
特徴	黒色〜こげ茶色　三角形の頭 くびれた首　押しつぶしたような太い胴 短くて細い尾　ふつうのヘビより大きいウロコ
体長	30〜80センチメートル
危険度	■■■□□

自分の体より太いものを飲みこんだ直後のヘビ——これがツチノコの姿に近いだろう。顔はヘビだが、姿がビール瓶のように極端に太い。

ヘビのようにクネクネと前進するのではなく、まっすぐに体を伸ばしたまま進む。細い尾で立ち上がることができ、威嚇するときにこの姿勢をとるという。また、高くジャンプすることもあり「チーッ」と鳴きながら、人に襲いかかることもある。猛毒を持っているから注意が必要だ。

1988年以降、100万円、2億円と賞金がかけられるが捕まえられずに終わっている。今も探索は続けられている。

軍の秘密実験で作られたモンスター？
ヒツジ男

　頭がヒツジで体が人間、2本足で歩く、全身モコモコの毛むくじゃら男。こんな信じられない姿をしているのがヒツジ男だ。アメリカでは「ゴートマン（ヤギ男）」と呼ばれていて、目立つ姿とインパクトのある名前のせいか人気のキャラクターだという。

　ヒツジはおとなしい性格の動物だが、ヒツジ男は凶暴だ。刃物を持ってウロウロしていたり、大岩を車に投げつけたりなどの情報がある。

　正体は、戦争に関係した秘密実験の結果、誕生した怪物だという説がある。ヒツジ男の出没の地域には、昔、秘密化学工場があったそうだ。工場閉鎖後は、怪物や幽霊の目撃情報が多発している。

国・地域	アメリカ
場所	町
特徴	ヤギまたはヒツジのような顔　灰色のカールした体毛　筋肉質の体　丸まった角　ネコのような黄色い目
体長	2メートル
危険度	■■■■□

不老不死になる肉塊
太歳

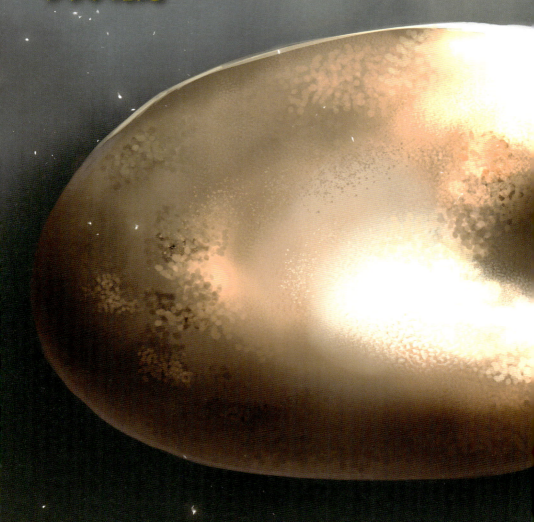

太歳を一言で説明するなら「肉の塊」といったところだろう。顔もなければ体だと思われるパーツもない、ぼってりとした塊だ。

これは昔から伝わる謎の物体で、生物と菌の中間くらいの生命体だというが、妖怪だという説もある。傷をつけると、そこから血でもにじむように液体がジワジワとしみ出し、しばらくすると傷ついた部分は治って元通りになっている。太歳を食べると不老不死になるといわれるのだが、この修復力が何か関係しているのだろうか。

最近では、2012年から中国の美術館で現物が展示されて話題となった。

国・地域	中国
場所	土の中
特徴	肉の塊　プヨプヨしている
体長	0.3〜1メートルほど
危険度	■□□□□

75

今でもよく見つかる太歳

伝説の生物、太歳。秦の始皇帝（中国全土を取りまとめた最初の皇帝）も、永遠の生命を得るために太歳を探したという。こんな歴史を考えると、現在はいない古い生物のように感じてしまうが、2000年以降も太歳は発見されている。

2005年7月のこと。中国広東省の佛山市で、川べりの泥の中に埋もれている、30センチメートルほどのブヨブヨした塊が発見された。棒でつついてみると穴があき、時間が経つと穴はふさがったという。

また、遼寧省でも山の中で発見されている。これの大きさは70キログラムで、一部を切り取ったが、残った部分を冷水につけておくと、みごとに元通りになったとか。

中国では太歳がときどき見つかるようだ。太歳発見のニュースをインターネットで見かけることは、決して珍しくない。とはいえ、ただのゴムの塊ということもあるようなので、すべてが本物ではない。

（写真提供／アフロ）

▲中国武漢の美術館で展示された「太歳」
（2013年3月10日）

太歳の利用法

　食べれば不老不死になるという太歳。注目すべきは再生力だ。傷をつけても汁がしみ出して治り、切り取っても時間が経てば元通り。なくならないように少しずつ切っていけば、永遠に利用できる。
　この特徴に注目する発見者もいて、手に入れた太歳を切り取って売る人もいるとか。また太歳を水につけておけば、その水にも不老不死の効き目が現れるといわれる。
　この性質を利用して、お酒を作って売った人物もいるようだ。正体不明の肉の塊を食べるのは、かなり勇気がいるが、成分のしみ出した水なら……それでもやはり、飲むのは勇気がいりそうだ。

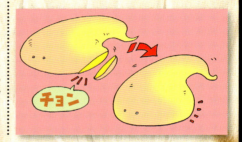

太歳の伝説

　太歳はその正体がはっきりしないためか、妖怪としての言い伝えもある。家を建てるために土を掘り返していると見つかることがあり、掘り出してしまうとその家の人はみんな死んでしまうという。死にたくなければ、太歳を元に戻し、土も元通りに埋めればいいらしい。
　家を建てるにはそれなりの金額を出して土地を買うわけで、太歳が出てきたからといって工事を中止するのは、なかなかつらいものがあるだろう。かといって家族に不幸があるのはもっとつらいが…。
　また、この太歳は、数千の目があるともいわれる。現在も中国で発見される太歳に目があったとは聞かないので、妖怪の太歳とは別物かもしれない。

不幸を呼ぶ地獄の番犬
ブラック・ドッグ
（ファントム・ドッグ）

　地獄の番犬と呼ばれる伝説の犬、ブラック・ドッグ。見えない人には不幸は訪れないが、見えてしまうと死ぬことが多く、鳴き声が聞こえただけでも死ぬことがある。ほかの生き物に変身できるという説もあり伝説の生き物といわれていたが、実際に姿を見せた事件が起きている。
　1577年、教会に信者が集まっているとき、突然天候が荒れ始めた。そこにブラック・ドッグが現れて、人々に襲いかかって死者を出した。このとき、雷に打たれて亡くなった人もいる。1972年にはイギリスのデボン州の農家に現れたが、火かき棒を投げつけるとフッと姿を消したという。

国・地域	イギリス
場所	町
特徴	大きくて赤い目　黒くてボサボサの毛
体長	子牛くらい
危険度	■■■■■

棲処を失った日本の山男

ヒバゴン

ヒバゴンは、広島県の比婆山に棲んでいた獣人だ。外国の獣人、ビッグフット（58ページ）などは大きな体が特徴だが、ヒバゴンは1.5～1.6メートルと小柄だ。
性格はおとなしく、人も家畜も襲わず、農作物を荒らすことすらしない。1970年頃から目撃され始め、山だけでなく町にまで姿を見せたが、1982年を最後に行方不明となった。
比婆山は、ヒバゴン出現の1970年頃から造成工事が始まり、開発が進んだという。居心地が悪くなり、どこかへ引っ越すためにうろうろし、人に姿を見られてしまったのかもしれない。

国・地域	日本
場所	山　町
特徴	人間の倍くらいある逆三角形の頭
	5センチメートルほどの逆立った髪の毛
	鋭い目　大きな耳　やや小さい手　筋肉質
	黒っぽい体毛　胴まわりは人間の2倍
体長	1.5～1.6メートル
危険度	

80

ヒバゴン周辺の獣人たち

ヒバゴンは1970年に目撃され、その後4年間にわたって姿を見せたり、足跡が見つかったりして世間を大いに騒がせた。しかしどうしたわけか、ぱったりと目撃情報が途絶えてしまった。

そのかわり、ヒバゴン棲息地の広島県内で新たに獣人が目撃されるようになったのだ。これらの獣人たちは、引っ越したヒバゴンなのだろうか？それとも、ヒバゴンの仲間たちなのだろうか？

ヒバゴンと周辺の獣人の正体は、山に入って野生化した人間だという説、年老いた大型のサルだという説、宇宙からやってきた生物だという説などがあり、いまだに真相はわかっていない。

山野町のヤマゴン

場所：広島県福山市山野町
体長：1.5メートルほど
特徴：黒っぽい毛むくじゃら　筋肉のついた体　腕が長い　オランウータンに似ている

●ヤマゴン事件簿

　1980年10月、山野町で川沿いの道を歩いているところを男性が目撃。ヤマゴンは男性をにらみつけた後、川に入って逃げていった。
　オランウータンに似ていたというが、類人猿（ヒトに近いサルの仲間）は水をきらうので川をわたるとは考えにくく、手の長さを見ると、クマだという可能性も低いという。
　その後、30センチメートルの足跡が発見されたり、足跡のそばで謎の足音が聞こえたりなどのできごとが起こっている。

久井町のクイゴン

場所：広島県三原市久井町
体長：2メートル
特徴：茶色っぽい体毛に白っぽい毛がまじっている　"ホーホー"という声を上げる

●クイゴン事件簿

　1982年に、二人の兄弟が毛むくじゃらの獣人を目撃した。自宅近くの山道で、背中を向けて立っているクイゴンと出会ったのだ。
　少年たちに気づいたクイゴンは"ホーホー"と鳴きながら、崖を飛び跳ねて山の中に逃げていった。
　クイゴンは片方の手に石のおのを持ち、もう片方の手には石をにぎりしめていたという。
　小さめの体がヒバゴンの特徴のひとつなので、2メートルもあるクイゴンは別のUMAかもしれない。しかし、目撃者は子どもだ。正体のわからない怪物が目の前にいる恐怖で、実際より大きく感じた可能性もある。
　クイゴンが目撃されたのは、残念ながらこの1回だけだった。

83

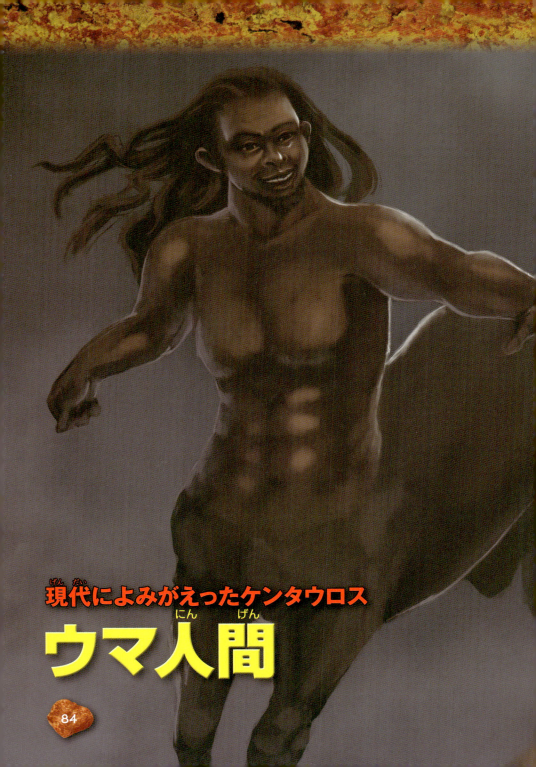

現代によみがえったケンタウロス
ウマ人間

まるで漫画にでも出てくるようなUMAが、2003年にアフリカ中西部に現れた。それは、上半身が人間で下半身がウマの人間だった。
　この姿で思い浮かぶのが、ギリシア神話のケンタウロス族だ。乱暴で短気で酒好きな性質で知られる種族で、女性が好きで好きでたまらないという困った特徴もある。
　このウマ人間も、ケンタウロスと同じく女性が大好きなようだ。明け方や夜、町のいたるところに現れては女性を追いかけ回した事件があり、このとき地元では女性たちに外出禁止令が出されたという。

国・地域	アフリカ中西部
場所	町
特徴	下半身がウマ　上半身が人間
体長	ウマに乗った人間くらい
危険度	■■■■□

85

大切に育てると幸せになる綿毛
ケサランパサラン

86

タンポポの綿毛か、それとも、ダウンジャケットの中身が飛び出したのか？　といった印象を受けるのが、ケサランパサランだ。空から舞い降りる白いフワフワ。これは生物なのだろうか？
　桐の箱に入れておしろいを与えると、育てることができるという。大切に育てると、幸せが訪れるという言い伝えもある。
　ある女性が、保管していたケサランパサランは、17年の間に5個から8個に増えたそうだ。これはケサランパサランの子どもらしい。この女性、17年間に幸運が訪れたのかどうか、気になるところである。

国・地域	日本
場所	町
特徴	白色　フワフワしている　毛の塊に見える　綿毛のように軽い
体長	1～数センチメートル
危険度	

87

ケサランパサランの正体

　フワフワした謎の物体、ケサランパサラン。生物には見えないが、育ったり子どもができたりするというから、やはり生物なのだろうか。とても不思議なUMAだが、その正体が最近になって明らかになりつつあるという。植物性、動物性、鉱物性の3種類があり、生物ではないというのだ。
　しかし、育ったり増えたりするのだ。意思を持った生物だから、成長したり繁殖したりするのではないのか？　ケサランパサランの正体は証明されたのか？　それともやはり、説明のつかない特殊な生物なのか？

植物性

　フワフワした種というと、真っ先に頭に浮かぶ植物はタンポポだろう。しかしケサランパサランは、タンポポの種よりも大きいものが多い。また、タンポポの種のように、下のほうに種がくっついているパラシュート型ではない。綿毛だけが飛んでいるのだ。
　植物性ケサランパサランの正体は、タンポポではないものの、植物の綿毛が集まってできたものだといわれている。アザミなどの綿毛である可能性が高いそうだ。

▲このタイプのケサランパサランは、確かに植物の綿毛に見える。

動物性

　動物性のケサランパサランは、小動物が大型の鳥に食われて、フンになったものだといわれる。鳥のフンの中に小動物の体毛がまじっていて、フンだけが雨や風でなくなっていき、体毛だけが残るというのだ。
　動物性にはほかの説もある。死んだ小動物の体の一部が、小さくちぎれて自然の中にちらばる。時間の経過とともに皮膚だけが縮み、その結果、毛が丸い形を作るという。

▲毛が密集していて、動物を思わせるケサランパサラン。

鉱物性

　最も驚くのが、鉱物だという説があることだ。鉱物とは、石や岩などのこと。ふんわりとしたケサランパサランが、石や岩などということがあるのだろうか？
　鉱物性ケサランパサランの正体は、鉱石のオケナイトだという。この石は、中心から糸のようなものを伸ばし、丸い形を作る。その姿は、別名ラビットテール（うさぎのしっぽ）と呼ばれるほど愛らしい。
　しっかりとした球形は、植物性や動物性よりも、ずっと生物的に見える。

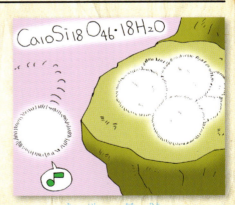

▲これを見て石だと思う人はまずいないだろう。

　空からフワフワ舞い降りるほど軽くはないだろうが、意思を持って動き出しそうではある。

武器を使って人間に襲いかかる類人猿

モノス

　木や石などを武器にして人間に襲いかかる凶暴な獣人、モノス。有名な事件は、キャンプ中の人間を襲ったというものだ。2匹のモノスが、ギャーギャーと大声を上げながら襲いかかってきた。体の大きさから、1匹はオスで1匹はメスだと思われた。その場で1匹（メス）を射殺すると、もう1匹は逃げてしまったという。

　どうやらこの事件、キャンプを張った場所が、彼らの縄張りだったようだ。縄張りを荒らされた上に射殺されるなんて、何だかモノスがかわいそうでもある。

国・地域	ベネズエラ
場所	山
特徴	小さめの頭　赤い目
	全身毛むくじゃら　長い手
体長	1.5 ～ 1.6 メートル
危険度	■■■■□

90

1つの体に多くの頭を持つ怪人
多頭人

　マレーシアの首都クアラルンプール付近に、化け物のような人間が現れた。ひとつの体に多くの頭、多頭人と呼ばれるUMAだ。
　体は大きく3.6メートルほど。道路につっ立っているところを目撃された。目撃者によると、多頭人は聞いたこともない言葉でしゃべったが、凶暴さは感じられず、むしろていねいで優しそうだったとか。聞いたことがない言葉とはどこの言語だろうか。ひょっとしたら宇宙語か？
　大きく異様な姿をしているのだから、現れたらさぞ目立つことだろう。しかし、次の目撃情報はまだない。

国・地域	マレーシア
場所	住宅地
特徴	たくさんの頭がある
体長	3.6メートル
危険度	■■■■■

監視カメラがとらえた伝説の精霊
ナイトクローラー

　アメリカのカリフォルニア州には、森に棲む精霊ナイトクローラーの伝説があり、先住民はこれを守り神としてきた。このナイトクローラーらしきものが、カリフォルニア州ヨセミテ国立公園の監視カメラに映った。

　その白い生物は、頭が小さく、腕はなく、長くて細い2本の足で、コンパスのよう。性格はおとなしいというから、出会っても安全だろう。

国・地域	アメリカ
場所	町
特徴	白い体　コンパスのような足　短い胴　暗い場所で光る
体長	0.9〜1メートル
危険度	■■□□□

たたくと危険な爆発するヘビ
エクスプローディング・スネーク

　エクスプローディング・スネークは、外部から刺激を受けると爆発するという危険なUMAだ。爆発後はその場にネバネバした布のようなものが残るといわれている。
　棒でつつく程度でも爆発の可能性があるというが、どんな規模で爆発するのかは不明。危険な目にあわないよう、謎のヘビを見かけても刺激を与えないようにしたい。

国・地域	ロシア
場所	不明
特徴	ヘビのような体
体長	60センチメートル
危険度	

陸

15センチメートルほどの不気味な吸血鬼
トヨール

国・地域	マレーシア
場所	町
特徴	赤色の目　緑色の口　鋭い歯　黒い皮膚　黒い骨
体長	15センチメートル
危険度	■■■■□

伝説の生き物トヨールが、2005年に出没した。マレーシアのジョホール州の村に毎晩現れて、眠っている人間を襲い、血を吸う事件が発生したのだ。
翌年には別の場所で、血を吸われた女性が意識を失ったり、財布を盗まれた人も現れたりした。びんづめされたトヨールのミイラらしきものが海岸に流れ着くという、不思議なできごとまで起きたが、その正体は不明だ。

正体不明の光るサルが大暴れ

モンキーマン

サルが人間を襲う事件は、田舎に行けばさほど珍しくないと思うが、体から赤や青の光を放っているサルだったとなれば話は別だ。モンキーマンは光を放つサルで、鋭い爪で人間を襲うUMAだ。
町に現れたとき大騒ぎとなり、多くの人が転んだり屋根から落ちたりする事件が起き、数人の死者まで出たそうだ。サル型ロボットを使ったいたずらだという説が有力だが、だとしたら悪質すぎるだろう。

国・地域	インド
場所	町
特徴	赤色、青色に光る体
	鋭い爪で人をひっかく
体長	1.4〜1.6メートル
危険度	■■■■■

前足のあるヘビに出会った人は死ぬ
タッツェルヴルム

　前足のあるヘビ、という意味のタッツェルヴルム。前足はあるものの、後ろ足の有無ははっきりとはしていない。顔はネコのようだともされる。
　1717年に探検家が目撃したのが最初で、1934年には写真撮影に成功。この写真はニセモノだとされるが、2003年にも目撃者が現れた。詳しいことはわからない生物だが、出会った人は死ぬという噂もある。

国・地域	ヨーロッパ
場所	山
特徴	ネコのような頭
	トカゲのような上半身
	ヘビのような下半身
体長	1メートル
危険度	■■■■■

98

陸のUMA最大の肉食巨大ミミズ
ミニョコン

巨大なミミズ型のUMA、ミニョコン。体長は45メートルほどにもなり、陸に棲むUMAとしてはもっとも大きいとされる。

普通のミミズのように土を掘って地中を進むが、巨大なので木はなぎ倒される。また、肉食で家畜を襲うこともある。

土に潜って侵入されたら防ぎようがないので、農場の人は対策が必要だろう。

国・地域	ブラジル
場所	土の中
特徴	巨大なミミズの姿 骨のようなもので覆われた体 胴まわり数十センチメートル 体重25トン
体長	45メートル
危険度	■■■■□

陸

森に棲む小柄な怪力
オラン・ペンテグ

　オラン・ペンテグはサルのようなUMAで、草や木の芽や果物などを食べ、ドリアンを好む。農場のバナナやサトウキビなどを食い荒らすこともある。
　体は小さく、人間を見ると逃げてしまう臆病な性格だが、食べ物のためには岩をひっくり返したり、巨木を移動させたりもする。油断して接すると、大けがをするかもしれない。

※注）ドリアン……強い甘みのある植物。強烈な臭いがある。

国・地域	インドネシア
場所	森林　農場
特徴	日焼けしたような色の肌　たてがみ状の黒い頭髪　灰色や茶色っぽい体毛　長い腕　筋肉質
体長	0.8～1.5メートル
危険度	■■□□□

100

西表島にひそむ大型のヤマネコ
ヤマピカリャー

国・地域	日本
場所	森林　浜辺
特徴	長い尾　ヒョウ柄の体毛
体長	1～1.5メートル
危険度	■■■□□

　沖縄県西表島に、イリオモテヤマネコとは別種のヤマネコがいる可能性がある。その名はヤマピカリャー。何ともかわいい名前だが「山の中で目が光るもの」という意味だ。その名のとおり、鋭い目をしていることが特徴だという。島には目撃者も多く、ここ何年かの間でも、襲われそうになった人がいる。

　体はイリオモテヤマネコの1.5倍はあり、3メートルほどもジャンプするそうだ。

101

20種の声を使い分ける物まね獣人
イエレン

　250件以上も目撃情報があるイエレン。特徴を見ると、オランウータンに近い獣人だと思われる。オスもメスも目撃されていて、子どもと思われる小さなイエレンを見たという情報もあり、体毛、フン、足跡なども採取されている。

　声を20種ほど使い分けて、仲間に合図を送る。スズメ、ロバ、イヌなどに似た声を上げることも。人間を捕まえようとした事件もあったという。

国・地域	中国
場所	山
特徴	黒みがかった赤い毛または灰色 広い肩幅　筋肉質　黒い目 低い大きな鼻 人間に似た耳　強い力
体長	1.8〜2メートル
危険度	■■■□□

現れては怪奇現象を引き起こす人影
シャドウ・ピープル

2006年頃から目撃されるようになったシャドウ・ピープル。人の形をした影だ。近くに影を作るようなものがないのに現れる。肉眼で見えることもあれば、写真などに映りこんでいることもある。

現れた後は事故が起きたり、目撃者が病気になったりするので危険。しかし、一瞬で消えるらしいので、そうそう目にすることもないだろう。

国・地域	北アメリカ
場所	町
特徴	人の形をした影
体長	人間の大きさくらい
危険度	■■■■□

いやな声で鳴く巨大イモ虫
ベーヒアル

国・地域	スコットランド
場所	町
特徴	イモ虫にそっくり　灰色の体　頭に耳のようなトンガリ
体長	6メートル
危険度	■■□□□

　ベーヒアルはイモ虫そっくりのUMAで、体長は6メートルにも及ぶ。そんな大きなイモ虫と遭遇したら……と想像するだけで怖くなるが、1965年に道路の脇に横たわるベーヒアルが目撃されている。ガラスをひっかくような音を立てながら動いていたそうだ。
　頭には耳のようにとがったものがついていたという。アゲハの幼虫が出す角のようなものだろうか。

大きな体にウロコの鎧をまとう
ヴェオ

国・地域	インドネシア
場所	陸
特徴	全身がかたいウロコで覆われている
体長	2～3メートル
危険度	■■□□□

　センザンコウという動物を知っているだろうか。アルマジロに似た哺乳類で、全身がウロコに覆われている。ヴェオはこれにとてもよく似ている。ただ、センザンコウは体長1メートル程度だが、ヴェオは2～3メートルもあるのだ。

　センザンコウのウロコは貴重品なので、密猟されて絶滅が心配されている。センザンコウが人間に復讐するために巨大化したものが、ヴェオなのかもしれない。

陸

絶滅したはずの巨大なカンガルー
ジャイアント・カンガルー

　ジャイアント・カンガルーは10万年前にオーストラリアにいた生物だ。絶滅したはずなのだが、1978年に事件が起きた。ある動物学者がイヌを散歩させているときに、巨大なカンガルーと出会ったのだ。
　カンガルーは鋭い爪で学者のジーンズを破ったり足に食いついたりして、学者を押し倒し背中に乗って、呼吸困難にまでさせたが、イヌがしっぽに咬みついたため、逃げていったという。

国・地域	オーストラリア
場所	住宅地のやぶ
特徴	人間のすねより太い前足
	長さ8センチメートルほどの爪
	人間の倍ほどある胴まわり
体長	体高3メートル
危険度	■■■■■

106

陸

人の形をした動く果実
ナリーポン

　人の形をした実をつける伝説の樹木、ナリーポン。16歳くらいの少女の姿まで成長すると木から落ち、動いたりしゃべったりする。1週間の寿命が来ると、ミイラのようにしぼんでしまう。

　このミイラがまつられている寺院が、タイには数多くある。ミイラではなく生きているところを見てみたいものだが、1週間しか生きられないとなると出会うのはむずかしそうだ。

国・地域	タイ
場所	町
特徴	16歳の少女の姿
体長	手のひらに収まるほど
危険度	■■□□□

107

陸

長い爪で家畜の舌を引っこ抜く
マピングアリ

国・地域	ブラジル
場所	森
特徴	長くて大きな爪　茶色や黒色の毛　２足歩行
体長	１〜２メートル
危険度	■■■■□

アマゾン一帯で目撃情報のあるマピングアリは、家畜の舌を引っこ抜く。長くて大きな爪を持っていて、これを道具にするようだ。
　オオナマケモノの生き残り説があり、外見はナマケモノに似ている。ナマケモノの仲間だとしたら動きが遅いだろうから、舌を抜かれる前に逃げるべし。

陸

現地に伝わる「地獄の猟犬」か？
ダートムーアの野獣

　ダートムーアの野獣は、イヌやオオカミに似た黒い獣で、2007年に写真にその姿をとらえられている。場所はイギリスのダートムーア付近で、その頃この近辺では、家畜が食い殺される事件がしょっちゅう起こっていた。
　この地域には、イヌの亡霊が集団となって現れる「地獄の猟犬」と呼ばれる伝説が残っている。ダートムーアの野獣は、地獄の猟犬なのではないかという説もある。

国・地域	イギリス
場所	農場
特徴	真っ黒い体毛　大きな体
体長	不明
危険度	■■■■□

109

腹に袋を持つ、伝説のブタの悪魔
ガゼガ

国・地域	パプアニューギニア
場所	町
特徴	バクの顔　ウマの尾　かぎ爪
体長	原住民の家と同じくらいの大きさ
危険度	■■■■■

　ガゼガという名は、ブタの悪魔という意味だ。2本足で立ち上がり、家ほどもある巨体で人間を襲うなど、非常に凶暴で危険なため悪魔と呼ばれた。毒矢や銃などで追い払ったという記録もある。

　カンガルーなどのように、腹に袋を持つ有袋類だとされる。悪魔と呼ばれるほどの生き物が、腹で赤ん坊を育てているとは、何だかほほえましくもある。

110

シカと殺人ウサギの子
ジャッカ・ロープ

　野ウサギのような体に、シカのような角を持つジャッカ・ロープ。その姿はとても愛らしいが、正体はシカと殺人ウサギのハーフらしい。
　みぞれまじりの雷雨の日にしか繁殖できない、ウイスキーが好き、乳が薬になるなどいろいろな噂がある。また、人まねが上手で、声でおびきよせては人間を道に迷わせるという。大きな害はなさそうだが、殺人ウサギの子なので油断は禁物だ。

国・地域	アメリカ
場所	草原
特徴	シカのような角　人間の声まねをする
体長	50～80センチメートル
危険度	

111

バットとサスカッチの特徴を持つ
バッツカッチ

　名前の由来がバット（コウモリ）＋サスカッチ（カナダの森に棲む獣人）だということを考えると、どういった姿なのか想像はつくだろう。バッツカッチは、コウモリのような翼を持つ、マッチョな獣人だ。
　7メートルにもなる大きな体は、紫色の毛で覆われていて、アニメのキャラクターにでもなりそうな雰囲気だ。夜行性で、ヤギやウシなどの家畜を襲うので、危険度は高い。

国・地域	アメリカ
場所	農場　空
特徴	コウモリ、または翼竜のような翼　がっちりした体型　紫色の体毛
体長	7メートル
危険度	■■■■□

細い体にスーツをまとい子どもを狙う
スレンダーマン

最近、アメリカで話題となっている不気味な男、スレンダーマン。子どもをさらったり、見るだけで精神に異常をきたしたりする男で、とてもしつこく、狙って子どもをどこまでも追いかける。

実はこの男、創作されたキャラ。実在しないことが明らかになったのだが……創作のはずなのに、なぜか目撃者が続出！目撃者は増え、今も子どもたちを恐怖におとしいれているのだ。

国・地域	アメリカ
場所	町
特徴	卵のようなのっぺらぼう 背が高い　やせている 枝のように長い腕 背中から触手が何本も伸びている 黒っぽい色のスーツを着ている
体長	1.8～3メートル
危険度	■■■■□

113

長い爪で人に襲いかかる
ムノチュウ

人に襲いかかり、ひっかいたり肉をはぎとったりするムノチュウ。2002年、立て続けに出没したため、避難生活をする人や、夕方以降は外出しない人が続出するという事態にまでなった。

体を光らせていることと、長い爪で人を襲うこと以外わからず、飛んでくるのか走ってくるのかすら不明。いつしか姿を見せなくなったそうなのだが、どこかの町に移動したのか。

国・地域	インド
場所	町
特徴	全身が光る フットボール、またはカメに似た体型 鋭い爪
体長	不明
危険度	■■■■■

114

海岸に流れ着くイヌに似た死体
モントーク・モンスター

　2008年にアメリカのモントーク海岸に流れ着いた死体、モントーク・モンスター。イヌに似ているものの、体毛がなく、むき出しになっている皮膚は赤色〜茶色。全身がずんぐりとしていて、モンスターと呼ぶにふさわしい姿だ。

　モントーク海岸以外でも、似たような死体が流れ着くことがある。海の底に、モントーク・モンスターの棲む国でもあるのだろうか。

国・地域	アメリカ
場所	浜辺で死体が発見される
特徴	イヌに似ているが体毛がない 赤茶色の皮膚　鋭いキバ
体長	イヌくらい
危険度	■■■□□

人の言葉を話し人を食う伝説の魔物
マンティコア

　マンティコアは紀元前4世紀の書物に登場する、伝説の怪物だ。ライオンのような体、人間の顔を持ち、サソリのような尾は人を殺す毒を持つ。森に棲み、侵入者は容赦なく襲って食ってしまう。

　2008年、捕らえられたマンティコアのような生物がインターネットの動画サイトに投稿され、話題となった。これが本物だとしたら捕らえるのも命がけだったと思われるが、正体は不明だ。

国・地域	アジア全域
場所	森林
特徴	血の色または白色をした体　人間の顔　ライオンの体　灰色または青色の目　鋭いキバ　サソリのような尾
体長	30～50センチメートル または3メートルとも
危険度	■■■■■

116

陸

　ガタゴンは、岩手県山形村（現久慈市）で足跡が発見されたため、この名がついた獣人だ。1992年に、村の畑に足跡が発見されたのだ。
　足の指は長く、前向きに4本伸びている。普通かかとがある場所には、後ろ向きに1本。この足跡が点々と、20メートルほど残されていたという。足跡は鑑定されたが正体はわからず、そのまま目撃情報も途絶えてしまった。

岩手県に残された奇妙な形の足跡
ガタゴン

国・地域	日本
場所	山 農地
特徴	長さ22センチメートルの足 足の指が4本
体長	不明
危険度	■■□□□

117

数分で人間の骨まで食い尽くす
ヘンティフィア

ヘンティフィアはオオカミに似た人食い怪物だ。このモンスターが1997年にソマリアに現れた。姿を見せたのは民家が少ない土地だったものの、15日間に8人がけがをし、6人が食われてしまうという悲惨な事件となった。人を襲うとまずは血を吸いとり、肉を食べ、骨も噛み砕き、数分もあればすべて平らげてしまう。とてつもなく恐ろしい人食いモンスターだ。

国・地域	ソマリア
場所	陸
特徴	オオカミに似ている やせた体 白い尾
体長	オオカミくらい
危険度	■■■■■

兵隊の肉を食べた野犬とキツネの子
ペシャクパラング

2003年にアフガニスタンで発見された、正体不明の死体がある。これはペシャクパラングと呼ばれるUMAではないかという噂だ。
　ペシャクパラングは野犬とキツネのミックスだという。これだけでも妖怪じみているが、戦死した兵隊の肉を食べて育ったというから不気味な話だ。ペシャクパラングは人を襲い、これまでに40人以上もの被害者が出ているという。

国・地域	アフガニスタン
場所	草原
特徴	キツネに似ている　鋭い爪
体長	キツネやイヌくらい
危険度	■■■■□

偶然写真に写りこんだ透ける人間
透明人間

　透明人間になったら何をしよう——と、一度は想像して楽しんだことがあるのではないだろうか。他人からは見えないなんてワクワクするではないか。
　しかし見えないはずの透明人間が、2009年に写真に写りこむという不思議な事件が起きた。たまたま撮った風景写真に、体が透けている人物が写っていたのだ。これは異次元のヒト型生物か、幽霊か、それとも透明人間か？

国・地域	イギリス
場所	町
特徴	体が透けて見える
体長	1.5〜1.8メートルほど
危険度	■■■■□

120

海水・淡水

湖のUMAで有名なネッシーや
ネッシーの仲間、シー・サーペントなど、
42体

紀元前4世紀から存在する海の怪物
シー・サーペント

海水・淡水

国・地域	世界各地
場所	海　川　湖
特徴	先のとがった頭　ギザギザの歯
	水かきのある足　細長い胴体
	茶色〜黒色の胴体　白っぽい腹
体長	8〜60メートル
危険度	■■■■■

シー・サーペントは海や川や湖に棲む巨大なヘビ型 UMA で、いろいろな種類をまとめてこう呼ぶことが多い。場所によって、姿も大きさもさまざまだが、体を上下に波打たせて高速で泳ぐ特徴があるようだ。

古くは紀元前4世紀から目撃されていて、ギリシアの哲学者アリストテレスも、巨大なウミヘビに船を襲われたことを記述している。もちろん最近の目撃情報もある。2003年に、漁師のグループが体長8メートルはある怪物と出会った。体はヘビのようだが頭はカメ、胴体はウイスキーの樽ほどの太さ（直径65〜90センチメートル）もあったそうだ。

123

こんなにいる!? シー・サーペントのタイプ

世界各地の海には、まだ詳しいことがわかっていない巨大生物がたくさんいる。広くて深い海なのだから、すみずみまで調査できないのは当然のことだろう。「シー・サーペント」という名前は、ウミヘビという意味だ。ウミヘビ型の未確認生物はいくつも目撃されていて、シー・サーペントは1種類のUMAではないとされる。

いろいろなシー・サーペントの目撃場所と特徴を比較してみよう。いったい何種類いるのだろう?

■1734年7月 海面に首をつき出しているところを目撃される。

- ●場所…グリーンランド南西部
- ●体長…船より長い
- ●鼻…とがっていて長い
- ●足…ヒレのような足
- ●体…ウロコがあり、ヘビに似ている
- ●そのほか…クジラのように潮を吹く

■1746年8月 発見者が銃を撃ちこんだところ、海水が血で赤く染まった。

- ●場所…ノルウェーのモルデ沖
- ●頭…ウマに似ている
- ●色…灰色に近い黒色

■1817年8月 1か月の間に何度も姿を見せ、目撃者は100人以上となった。

- ●場所…アメリカ・マサチューセッツ州
- ●体長…20メートル
- ●頭…ウミガメに似ている
- ●体…黒っぽい色で、ウロコがゴツゴツしている

■1848年8月 海面に体の半分ほどを見せているところを目撃される。

- ●場所…喜望峰（南アフリカ）とセントヘレナ島（イギリス領）の中間
- ●体長…24～30メートル
- ●太さ…胴まわり40センチメートル
- ●口…大きくてギザギザの歯がある

■ **1947年12月** 船と衝突事故を起こし、血を流して逃げていった。
- ●場所…大西洋
- ●体長…13.5メートル
- ●太さ…胴まわり90センチメートル
- ●頭…ウナギに似ている
- ●体…こげ茶色でウナギに似ている

■ **1964年5月** 大型漁船の乗組員たちが船から目撃。
- ●場所…アメリカ・マサチューセッツ州
- ●体長…20メートル
- ●頭…ワニに似ている
- ●尾…エビに似ている
- ●体…背中に丸いコブが並ぶ
- ●そのほか…クジラのように潮を吹く

■ **1983年10月** ダンスを踊るウナギのような姿が目撃される。
- ●場所…アメリカ・カリフォルニア州
- ●体長…不明
- ●頭…ヘビに似ている
- ●体…3つのコブがある

■ **1988年12月** 濃い霧の中、首を出して泳いでいるところを目撃される。
- ●場所…イギリスのブリストル湾
- ●体長…不明
- ●体…首を出して泳げるほどの長さがあると思われる

■ **2003年6月** エビとりの漁師が発見し、45分間ほど追ったが見失う。
- ●場所…カナダのケープ・ブレトン島沖合
- ●体長…8メートル
- ●太さ…酒樽（直径65～90センチメートル）くらい
- ●頭…カメに似ている
- ●体…ヘビに似ている

シー・サーペント目撃情報

1964年12月

　オーストラリアのクイーンズランド州の海で、フランス人カメラマンのロベール・セレック氏と友人が乗った船が、シー・サーペントに出会った。

　体長は約25メートルほど。手足もヒレもなかった。巨大な頭の左右に目があり、頭の大きさに比べると細い胴体は、尾に向かって先細りになっている形だった。いわば、ちょうどオタマジャクシを大きくしたような姿だ。背中には1.3メートルにもわたる大きい傷があり、そこから白い肉が見えていた。

　セレック氏と友人は海に潜ってみた。すると気づいたのか、シー・サーペントは力なく口を開いた。傷のせいで弱っていたのだろうか。その後、海底へと潜っていったという。

　このときセレック氏が撮影した写真は、偽物なのか本物なのか話題を呼んだ。そしてこの写真は、シー・サーペントをとらえた最も有名な一枚となった。

▲セレック氏が撮影したシー・サーペント
（写真提供／アフロ）

1985年2月

　アメリカのサンフランシスコ湾で、アザラシを追う姿が目撃されている。海の景色をながめて楽しんでいたクラーク兄弟が、逃げまわるアザラシを見つけた。アザラシは2頭で、何かに追いかけられている。

　アザラシの後ろにいるのは、ヘビのような姿をした巨大な生物だった。全長20メートルほどはあるだろうか。長い体をクネクネと上下に動かしながら、アザラシを追っていたのだ。

　体は深い緑色。腹はワニのようで、クリーム色。扇子のように開く胸ビレがあった。この生物は、海面に浮いてくることはなかった。ただ、海水がとても美しく澄んでいたため、水の中を泳ぐ姿がくっきりと見えた。

　謎の生物は岩にひっかかりしばらくもがいていたが、やがて抜け出して猛スピードで海の彼方に消えていったという。

　1964年にセレック氏が撮影したシー・サーペントはオタマジャクシ型だが、これは別の特徴を持っているので、おそらく違う種類なのだろう。

2012年8月

　ノルウェーのホーニンダルスヴァトネット湖に、シー・サーペントと思われる怪物が出現。体を上下にくねらせて、まるで湖の水面をはうように進んでいく姿が撮影された。この湖には、深い場所にドラゴンが棲んでいるという言い伝えがある。姿を見せたシー・サーペントはドラゴンの仲間か子孫か、それとも関係ない生物か？

多くの人を殺してきた海の魔物

クラーケン

国・地域	世界各地
場所	海
特徴	タコ型、イカ型など
体長	20〜60メートル
危険度	

128

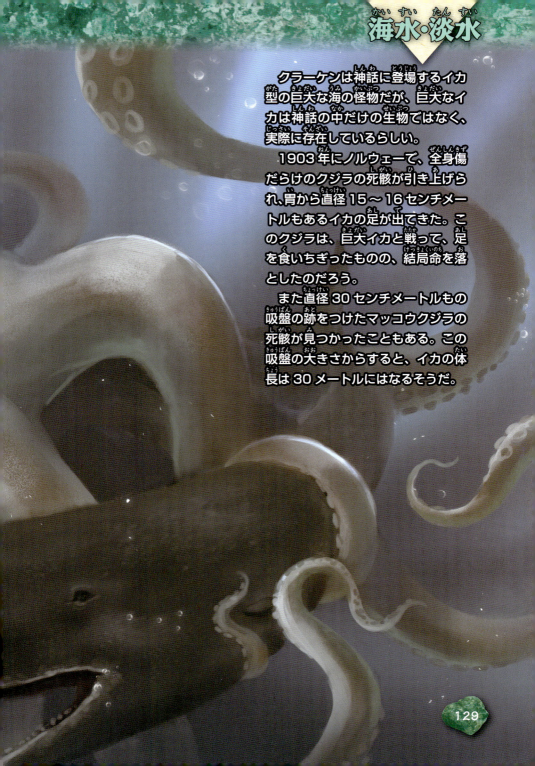

海水・淡水

クラーケンは神話に登場するイカ型の巨大な海の怪物だが、巨大なイカは神話の中だけの生物ではなく、実際に存在しているらしい。

1903年にノルウェーで、全身傷だらけのクジラの死骸が引き上げられ、胃から直径15〜16センチメートルもあるイカの足が出てきた。このクジラは、巨大イカと戦って、足を食いちぎったものの、結局命を落としたのだろう。

また直径30センチメートルもの吸盤の跡をつけたマッコウクジラの死骸が見つかったこともある。この吸盤の大きさからすると、イカの体長は30メートルにはなるそうだ。

水のUMAの特徴

　海に棲むUMAで有名なものは、ネッシーやクラーケンだろう。ネッシーは恐竜のような姿で、クラーケンはイカのような姿。この２つは全く似ていないが、共通点もある。それは「大きい」ということだ。

　例外はあるものの、水に棲むUMAは体が大きいことが多い。陸の生物は自分の体重を自分の体で支えなくてはいけないので、あまり大きくはなれない。

　しかし、水に棲む生き物は体への負担が少ない。水の持つ浮く力が、体を支えてくれるからだ。そのため、体が大きくなってもあまり問題がないのだ。

　これは、UMA以外の生物にも当てはまる。全長30メートル以上に育つことがある地球最大の生物は、海に棲むシロナガスクジラだ。これほど巨大な生物は陸にはいない。

　また、普通３～５メートルほどであるはずのマンタ（エイの仲間）が９メートルまで育った例もある。

　UMAに話を戻そう。シー・サーペント（122ページ）が全長60メートル、ナウエリート（140ページ）が40メートル、ナーガ（158ページ）が70メートルと、海には大きいUMAがずらりと並ぶ。

　深くて広い海。海の浮力に守られて、成長する生物たち。想像を絶する巨大なUMAが、海にはまだ存在している可能性がある。

日本人が目撃した半魚人
オラン・イカン

1943年に生きている姿を目撃された、半魚人のオラン・イカン。目撃者は日本人の軍曹だったとされる。この近辺では、半魚人のような生物の死体が、浜辺に流れ着くこともよくあるという。

全身にウロコ・手足に水かき・エラがあるという姿は半魚人そのもの。2本足で歩くことができ、髪が生えている個体もいる。人間を襲うかどうかは不明だが、危険なにおいのするUMAだ。

国・地域	インドネシア
場所	海　陸
特徴	エラを持つ　水かきのある手足　ウロコのある体　直立で歩く
体長	1.2～1.5メートル
危険度	■■■□□

131

浜辺に流れ着くグロテスクな死体
グロブスター

　世界中の海岸にときおり流れ着くことがあるグロブスター。ブヨブヨした巨大な塊で、腐った状態で流れ着くために、生きているときの姿ははっきりしないという。死んだクジラの脂肪がはがれたものだとする科学者もいるが、生きているグロブスターを目撃した人もいる。

　目撃者によると、巨大な怪生物がクジラの体を尾でたたき、戦っているようだったという。その後、クジラは姿を消し、怪生物は動かなくなった。夜になると、白い体毛に包まれたグロブスターの死骸が、海岸に流れ着いたそうだ。

国・地域	世界各地
場所	海
特徴	ブヨブヨしている 骨格がない 頭や体の区別がない
体長	5〜24メートル

ブルーホールに棲む巨大タコ

オクトパス・ギガンテウス

　海の沖にブルーホールと呼ばれる穴ができることがある。上空から見ると、青い穴がぽっかりとあいて幻想的だ。ここに棲みついているとされるのが、巨大タコのオクトパス・ギガンテウスだ。長い手を使って船をブルーホールに引きずりこむ。

　1896年にはアメリカの海岸に死骸が打ち上げられた。砂にうずもれている骨のようなものが発見されたのだ。砂から出ている部分だけでも長さ7メートル、高さ1.2メートルもあり、専門家の調査によると、体長30メートル、体重20トンの巨大タコだとされた。現在もブルーホール付近では、ときおり巨大タコが目撃されている。

134

海水・淡水

国・地域	アメリカ
場所	海
特徴	巨大なタコ　体重 20 トン
体長	30 メートル
危険度	

135

1500万年前に絶滅した生物

デスモスチルス
(南極ゴジラ)

デスモスチルスは1500万年前に滅びた生物で、北太平洋の沿岸に棲んでいたとされ、北海道でも化石が発見されたことがある。

滅びたはずのこの生物が、南極で生き延びているという情報がある。1958年に日本の南極観測船が、デスモスチルスらしき怪獣と遭遇しているのだ。観測船の乗組員全員が、海面から黒っぽい顔を出すカバ似の生物を目撃。大きな頭と光る目を持っている生物だった。30秒ほどで姿を消してしまったため正体はわからなかったが、クジラなどではなかったという。これはデスモスチルスの生き残りか、それとも、別の未確認生物か。

136

海水・淡水

国・地域	南氷洋
場所	海
特徴	カバのような頭 丸い柱を束ねたような奥歯
体長	2.5メートル
危険度	■□□□□

イタチの愛らしい体に秘めた怪力

ドアルクー

国・地域	アイルランド
場所	湖
特徴	イヌの頭　イタチの体
	黒い皮膚
体長	２メートル
危険度	

138

イタチの体にイヌの顔をしたドアルクー。頭部だけで60センチメートルもあり、体長は2メートルにも及ぶ。その正体は巨大なカワウソだという説がある。1684年に目撃され、最近では2003年にも目撃情報がある。湖の中で生活しているが、凶暴な性質をしていて、獲物を見つけると水に引きずりこむ。

ドアルクーは獲物を狙うとき、2匹でペアになって行動するという。そういえば、日本の妖怪カマイタチも、地域によっては3匹が一組になって人を狙う。イタチのような生き物は集団で人を襲うという習性でもあるのだろうか。

ナウエル・ウアピ湖に棲むナウエリートは、地元では古くから目撃情報があり、とても人気者だ。今はもう使われていないが、最少額のお札1ペソにその姿がデザインされたことがあるほど。

愛されているとはいえ、不気味なできごとも起きている。この湖で、海軍の潜水艦が正体不明の怪物に後をつけられたことがあったそうだ。敵だとみなしたら、襲っていたのかもしれない。

2006年、地元の新聞社に3枚の写真を持ちこんだ男がいる。写真には、ヘビのような体を上下に動かして泳ぐ生物が写されていた。男は写真を置いて立ち去り、身元などはわからないという。

国・地域	アルゼンチン
場所	湖
特徴	灰色〜黒色　細長い首　小さな頭　コブのある背中　魚のようなヒレ　ヘビのような体　毛皮のような皮膚
体長	5〜40メートル
危険度	■■□□□

お札の絵になったほどの愛されUMA

ナウエリート

141

捕まえると天災に見舞われる幻の巨大魚
タキタロウ

142

国・地域	山形県
場所	池
特徴	上あごに食いこむほど長い下あご 赤茶色　斑点模様　ヌメヌメしたウロコ 油のようなヌルヌルに覆われている
体長	1.5〜3メートル
危険度	■□□□□

　山形県鶴岡市にある大鳥池には、タキタロウと呼ばれる超巨大魚が棲んでいるそうだ。地元に残るタキタロウ伝説では「これを捕まえようとすれば、雲を呼び、嵐を巻き起こし、田畑に害をなす」とある。
　1982年、登山グループがタキタロウらしき魚を目撃した。これがきっかけで、1983〜1985年にかけて水中カメラや探知機などによる調査が行われた。このとき、テレビカメラマンが2つの巨大な魚のシルエットをとらえ、また、タキタロウの子どもだと思われる魚も捕獲された。伝説にある災いが起きなかったのか、気になるところだ。

143

全身が真っ白の海坊主
ニンゲン

　ニンゲンという名前がついたこのUMAは、確かに、人間を巨大化させたような怪物だ。だが、単なる巨人ということではなく、顔はのっぺらぼうで目や鼻はない。また、目と口だけはあるが、鼻と耳がないという説もある。
　氷山と見分けがつきにくいほど、全身が真っ白だという。また、半透明だといわれたり、真っ黒だという説もある。※注1
　※注2 日本の調査捕鯨船が何度も目撃し、南極観測隊も遭遇したというが、本格的な調査はなされていない。警戒心が強く、近づくと逃げるため、特に危険はなさそうだ。

※注1) 調査捕鯨……科学的なデータを集めて調査するためにクジラを捕らえること。
※注2) 南極観測隊……南極大陸の自然観測を行っている調査隊。

144

海水・淡水

国・地域	南極
場所	海
特徴	頭、胴、手足などがあり、人間の姿に似ている 目や鼻などははっきりしない 白い体 体全体にしわがある マナティのような尾
体長	20〜30メートル
危険度	

腐乱した死体はネッシーか？
ニューネッシー

巨大生物の死体が海から引き上げられた。その姿がネッシー（152ページ）そっくりだったため、ニューネッシーと呼ばれている。これを引き上げたのは、日本の船、瑞洋丸だ。

しかし、死骸は腐っていて、ひどい臭いを放っていた。瑞洋丸は商業漁船なので、死骸をいつまでも積んでおくわけにはいかなかった。そのため、写真撮影やスケッチなどが行われた後、死骸は海に捨てられた。

船員によると、怪物は見たことのない生物であり、その臭いは腐った魚の臭いとは明らかに違っていたそうだ。

146

海水・淡水

国・地域	ニュージーランド
場所	海
特徴	大きい頭　長い首

ヒレのようなものが2対　ヒレの先には
ヒゲのようなものが40〜50本
重さ1.8トン　首の長さ1.5メートル
尾の長さ2メートル

体長 10メートル

危険度

大きな湖にはネッシーの仲間が？

　一般的に「湖」と呼ばれるのは、水がたまっていて池や沼よりも広い場所をいう。周囲が陸地に囲まれていることや、深さがあることも特徴のひとつだ。

　湖には首長竜のようなネッシータイプのUMAが棲みやすいようで、目撃例が多い。彼らはひょっとすると、同じ種類の生物なのだろうか。同じではなくても、近い種なのかもしれない。

モラーグ
場所：イギリスのモラー湖
体長：不明
陸に上がった姿を多くの人が目撃。ゾウよりも大きな体をしていたという。

ウィラタック
場所：アメリカのワシントン湖
体長：9メートル
淡水でも海水でも生きられる。先住民族を守ったという伝説がある。

ヴェッテルン湖の怪物
場所：スウェーデンのヴェッテルン湖
体長：不明
全体の姿はわからないが3つのコブがある。

タウポ・モンスター
場所：ニュージーランドのタウポ湖
体長：不明
首長竜に似た生物。タウポ湖に20～30頭ほどいるという。

◀モラーグ

（写真提供／アフロ）

148

チャンプ
場所：アメリカ～カナダのシャンプレーン湖
体長：4.5～18メートル
2本の角、巨大なヒレ、背中に2～4つのコブなどが目撃されている。

ネッキー
場所：アメリカのセネカ湖
体長：7.5メートル
120年ほど前に船と衝突事故を起こし死亡したとされるが、死体は発見されず、目撃情報が続いている。

ベッシー
場所：アメリカ～カナダのエリー湖
体長：10～18メートル
赤黒い体で、頭にウシのような角を持つ。時速20キロメートルで泳ぐ。

ミンディ
場所：オーストラリアのガリリー湖
体長：9～15メートル
約60年前から現在まで目撃情報がある。長い首と長い尾、背中に2つのコブ、灰色の体。

ヤクートのネッシー
場所：ロシアのラヴィンクィル湖、ヴォロタ湖、ハイール湖
体長：25メートル
大きい口、離れた目、灰色の体で、背中にはヒレがある。

レイ
場所：アメリカのレイスタウン湖
体長：5～10メートル
生物が襲われたことがないので草食の生物だと考えられている。

（写真提供／アフロ）

◀目撃されたチャンプの想像図

1.5メートルの頭をもつ巨大カバ
カバゴン

　海に出没する巨大なカバ、カバゴン。目撃されたのはニュージーランドの南東沖合だが、目撃者は日本漁船の乗組員たちだ。
　1974年に日本の「第28金比羅丸」が遭遇し、船長ほか26人の乗組員全員が目撃した。性質はおとなしいようで、攻撃どころか威嚇すらせず、海の中に消えていったという。日本に伝わる妖怪「海坊主」に似ているが、別物だろうか？

国・地域	ニュージーランド
場所	海
特徴	カバにそっくりの顔

1.5メートルの頭
頭部には白い毛が少し生えている
直径15センチメートルの赤い目
つぶれた鼻　灰色の皮膚

体長　不明
危険度

海水・淡水

ウマのような顔に悲しげな目

キャディ

目撃情報だけでなく、解体中のクジラの腹から骨が発見されたこともあるキャディ。音や気配に敏感で、時速40キロメートルほどのスピードで逃げ去る。

しかし、ぼんやりしていたのだろうか、捕鯨船の網に引っかかったことがある。捕らえられたキャディは悲しげな目をしたため、乗組員たちは逃がさずにはいられなかったとか。キャディは表情で気持ちを表現できる高等生物なのかもしれない。

国・地域	カナダ
場所	水
特徴	ウマ、ヘビに似た頭 背中にコブとタイルのような硬いウロコ 黄色い縮れ毛が生えた下腹　長い胴 ヒレがある　オリーブ色の皮膚 下あごに鋭い歯
体長	9〜15メートル
危険度	

151

世界一有名なUMAといえばネッシーだ。ネス湖に棲み、巨大な首長竜のような姿をしていて、時速30〜60キロメートルで泳ぐ。

最も古い記録は565年で、人間が水棲獣に襲われる絵が『聖コロンバ伝』に描かれている。その後、現在にいたるまで目撃や撮影成功など、存在を証明するような情報が山ほどあり、20世紀以降の目撃者は、4000人以上にもなる。

ネス湖の最も深い地点は230メートル。底には大きな洞窟があり、そこに棲処があるという噂だ。ネッシーの正体はアザラシ、オオウナギ、絶滅した恐竜……そのほかいろいろな説がある。

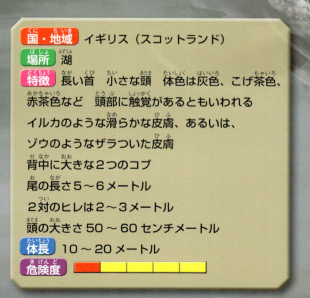

国・地域 イギリス（スコットランド）

場所 湖

特徴 長い首　小さな頭　体色は灰色、こげ茶色、赤茶色など　頭部に触覚があるともいわれる

イルカのような滑らかな皮膚、あるいは、ゾウのようなザラついた皮膚

背中に大きな2つのコブ

尾の長さ5〜6メートル

2対のヒレは2〜3メートル

頭の大きさ50〜60センチメートル

体長 10〜20メートル

危険度

※注）『聖コロンバ伝』……修行僧コロンバの伝記。

海水・淡水

UMAの王者！世界一有名な水棲獣
ネッシー

153

ネッシー誕生

　「ネッシー」という名前がつき、人々に広く知られるようになったのは1933年以後のことだ。それ以前にも目撃者はいたが、ロッホ・ネス・モンスター（ネス湖の怪獣）と呼ばれていただけだった。

　1933年、ネス湖の西側に国道82号が開通した。工事が行われたのは道路だけでなかった。同時に森林も切り開かれたため、湖の景色がとても美しくなり、人々がたくさん訪れるようになり、観光地化されたのだ。

　そして目撃者も多く出るようになり、ネス湖の怪獣は「ネッシー」と名づけられた。UMAネッシーの誕生だ。もちろん、ネス湖だから「ネッシー」という名前となった。

ネッシーの親子

　1912年には、医師のアレキサンダー・ムーア氏が、ネス湖でネッシーの子どもだと思われる死体を発見した。内臓が取り出されミイラとして保存されていたが、調査がなされていないため正体など詳しいことはわかっていない。

　ムーア氏が見つけた死体がネッシーの子どもでなかったとしても、大昔からネッシーは目撃され続けているのだから、1頭ということはない。オスとメスがいて、子どもが生まれているはずだ。

　1971年8月には、キャサリン・ロバーツという女性が友人と二人で、親子のようなネッシー2頭を目撃している。

　二人がネス湖近くを散歩中、ネッシーを発見。巨大な体に長い首、首の先には小さな頭、背中には2つのコブがあった。

　湖を泳いでいたネッシーは、向こう岸に到着。すると、同じ姿の小さな生物が現れ、後を追いかけるように泳いでいった。そして追いつくと、2頭そろって湖の中に潜っていったという。

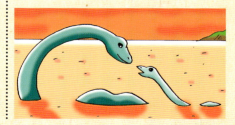

154

謎に包まれた巨大なネス湖

ネス湖は巨大な湖だ。長さは35キロメートル、幅は1.6～2キロメートルという広さの上に、深さは平均で200メートル。一番深いところでは230メートルにもなる。

深いというだけでも底が見えにくいというのに、川から流れこむ炭の泥が原因で、ネス湖の水は真っ黒。浅いところですら水中の様子はわかりづらく、深いところの調査は非常にむずかしい。

また、ネス湖はさまざまな魚が多く棲んでいて、大型生物のエサはじゅうぶんにある。ネッシーが安全に快適に暮らしていくには、ちょうどよい環境なのだ。

1933年に世界で初めてネッシー写真が撮影されたのはココだよ！

【ネス湖】
フォイヤーズ

◀ネッシー
（1977年5月21日）

（写真提供／アフロ）

155

どんどん明らかになっていくネッシーの姿

有名になっていくネッシー

　1961年には「ネス湖現象調査局」が作られた。この調査局はカメラを設置したり、信頼のできる目撃情報のみを厳選して集めたり、といった活動を11年間にわたって続けた。

　1933年の11月には、ヒュー・グレイという男性がネッシーの姿を初めてカメラに収めている。グレイ氏がネス湖近く（155ページのイラスト★地点）を歩いていると、ネッシーが湖で暴れていることに気がついた。彼はとっさに持っていたカメラで撮影。ネッシーが姿を消すまでほんの1～2分だったが、数回シャッターを切り、そのうち1枚がみごとにネッシーの影をとらえていた。これが世界初のネッシー写真となったのだった。

　こうしてネッシーはどんどん有名になり、さらに目撃情報や写真などが集まっていった。

（写真提供／アフロ）

▲ 1933年　ヒュー・グレイ氏が撮影したネッシー

156

超音波が泳ぐネッシーをキャッチ!

1954年には、超音波を使った探知機が、水中のネッシーの姿をとらえることに初めて成功している。漁船につけられた探知機が、水深150メートルの地点にいる巨大な生き物をキャッチしたのだ。探知機はカメラのように姿や形が見えるわけではないが、生物の位置を確認したり、大きさを予測したりすることができる。探知機が見つけたのは、体長15メートルほどの生物だった。船と同じスピードで湖の中を進んでいく様子が映し出され、ネス湖には巨大生物が棲んでいることが明らかになったのだった。

その後、ネッシーの調査や探索にはソナー（音波で物体を探す装置）が使われるようになり、水中のネッシーの動きを知ることができるようになった。

水中カメラで全身をとらえる

水中専用のカメラで初めてネッシーの姿をとらえたのが、アメリカのボストン応用化学アカデミーだ。1972年には頭とヒレを撮影し、1975年にはとうとう全身の姿をとらえた。

そこに写し出されたのは、巨大な体、長い首、小さな頭、胴体にはヒレを持つネッシーの姿だった。写真を分析した専門家は、体長6メートルほどの2頭の大型動物であり、エサにする魚たちを追っているところだという結論を出した。

最近のネッシー

2000年9月には湖の底にビデオカメラが、2002年には生中継のビデオカメラが設置された。それぞれ、ネッシーのような生物をとらえているが、はっきりとはわからない。

2003年には、首長竜プレシオサウルスの背骨の化石がネス湖の近くで見つかった。これにより、ネス湖には昔、首長竜が棲んでいたことが確実となったが、ネッシーと関係はあるのだろうか?

時代とともに調査の方法も変化し、詳しいことがわかるようになってきた。今後も科学や技術が進み、ネッシーの正体が明らかになる日も来ることだろう。

川の中から火の玉を吐くヘビ
ナーガ（メコンナーガ）

158

海水・淡水

ナーガは、民話やヒンドゥー教などの神話に登場する生物だ。神々の不死の薬、アムリタを作る手伝いをしたことで知られている。

このナーガが、東南アジアのメコン川に実際に出没するという。インドネシアのスマトラ島では原住民たちが目撃したり、タイの村では住民30人が同時に目撃。目撃事件は特に珍しいことではないらしい。

地元で仏教の祭りがあると、メコン川から火の玉が上がるという。これはナーガが口から出したものだとされ、20メートルほど上昇すると消えるのだとか。

国・地域	東南アジア
場所	川
特徴	ヘビのような体 頭にたてがみのような突起　鋭い歯
体長	10〜70メートル
危険度	■■□□□

159

日本の湖に現れる首長竜
イッシー

160

海水・淡水

イッシーは鹿児島県の池田湖に棲むとされるUMAで、首長竜のような姿だと考えられている。池田湖はワカサギ、スッポン、コイ、ナマズなどがとれる豊かな湖で、オオウナギも棲んでいるため、イッシーは超特大のオオウナギではないかという説もある。

1978年に目撃され、その後は目撃情報が多発。初夏から初秋の間によく現れる。ここにはヌシと呼ばれる怪物がいて、水に落ちた人間を食べてしまうという言い伝えがあるそうだ。イッシーはこのヌシなのか、それとも育ちすぎた特大サイズのオオウナギなのか。

国・地域	日本
場所	湖
特徴	背中に黒いコブが2つ コブではなく背ビレという説もある
体長	20〜30メートル
危険度	■■■■■

1000ドルの賞金をかけられた水棲ヘビ

オゴポゴ

目撃情報は 200 件以上、詳しい情報に1000ドルの賞金がかかったことがあるというオゴポゴ。現地では「湖の悪魔」という呼び名もあるが、実際のオゴポゴはおとなしい。1947 年には体がオゴポゴに触れたという女性まで現れた。女性が湖で泳いでいると水面が激しく波立ち始めたので怖くなり、逃げようとしたところ足に重い塊が触れたというのだ。

その後、女性の目に映ったのは体長9メートルもある怪獣だったという。オゴポゴは女性に危害を加えることもなく、静かに去っただけだった。

国・地域	カナダ
場所	湖
特徴	濃い灰色　背中に明るいしま模様
	コブのある背中　ヘビのように細長い胴体
	ウマ、ウシ、ヤギに似た頭　ふたまたに
	分かれた斑点模様のある尾ビレ
	ゾウのようなしわしわの皮膚
体長	6〜9メートル
危険度	

海水・淡水

163

滝つぼに潜み、人を待ちぶせ

インカニヤンバ

164

海水・淡水

　落差 30 メートルもあるホーウィック滝の滝つぼに潜んでいるという、巨大水棲獣インカニヤンバ。この滝つぼは、深く大きな池が周囲に広がっている。ここで命を落とした人は、体の柔らかい部分が食われたようにえぐられて、死体が見つかることが多い。

　40 年ほど前には、人が見ている前で女の子が水の中に引きこまれるという痛ましい事件が起き、インカニヤンバのしわざだといわれた。

　原住民たちはこの池を聖域とし、祖先の霊とインカニヤンバに、ヤギやニワトリの生け贄を捧げているという。

国・地域	南アフリカ
場所	滝
特徴	大蛇のような姿　黒っぽい茶色　ウマのような頭　たてがみがある
体長	10 〜 20 メートル
危険度	■■■■■

※**落差**……滝のてっぺんから滝つぼの水面までの距離。

165

海水・淡水

肉を食べた者には死が訪れる
モケーレ・ムベンベ

　周囲6キロメートル、水深2〜3メートルという、小さく浅いテレ湖に棲むモケーレ・ムベンベ。コンゴ・ドラゴンとも呼ばれ、原住民から恐れられている。

　草食であるにもかかわらず凶暴で、船が近寄りすぎると襲いかかって転覆させる。もちろん、草食なので食べはしない。

　1800年代にピグミー族がモケーレ・ムベンベを殺して食べたという事件があった。モケーレ・ムベンベが畑の柵を乗り越えて侵入したからだ。多くの原住民が立ち向かい、取り囲んで槍でしとめた。そして、その肉を食べたところ、村が全滅したという話が残っている。

国・地域	アフリカ
場所	湖
特徴	長い首　三角形の小さな頭　1本の角、またはキバ　長くて強い力の尾　トカゲのような手足　茶色〜赤茶色の体色　黒っぽい模様　茶色がかった灰色のツルツルした皮膚　歩幅2〜2.5メートル　足の周囲0.9メートル
体長	8〜15メートル
危険度	■■■■□

167

一度に40人も目撃した水棲獣
クッシー

水を棲処とする日本の巨大なUMAといえばクッシーだ。1973年には中学生40人が同時に目撃し、ニュースとなって全国を騒がせた。

場所は北海道、阿寒摩周国立公園内の屈斜路湖。ここはネッシー（152ページ）が棲むネス湖に環境や気候がよく似ているという。似た環境のためか、同じようなUMAまで棲みついているのだ。

猛スピードで泳ぐ姿を多くの人が同時に目撃したり、湖にある土産物店の人が「ダッボンダッボン」という足音を聞いたりもしている。

しかし、鮮明な写真や動画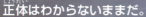などはまだ残されておらず、正体はわからないままだ。

168

国・地域	日本
場所	湖
特徴	長い首　背中にコブ　ヌメヌメした体
体長	10〜20メートル
危険度	■□□□□

169

沼地に棲むおぞましい半魚人

ハニー・スワンプ・モンスター

　沼地に棲むUMAハニー・スワンプ・モンスター。黒っぽい毛が全身に生えているとも、ウロコだらけの体ともいわれている。ビッグフットのような獣人なのか半魚人のような生物なのか、はっきりとしていない。

　狩猟で沼を訪れた人物が、4匹の怪物と遭遇したのが最初の目撃情報だ。銃を撃つと沼の中に逃げていったが、3本指の足跡が残されていた。

　この怪物はひどい臭いで、30メートル先にいても悪臭が漂ってくるという。吐き気をもよおすほどの、ヘドロのような臭いらしい。これは沼の底にたまっている泥の臭いだろうか。

国・地域	アメリカ
場所	沼地
特徴	山型の頭　赤色もしくは黄色のつり上がった目　手足の指は3本　鋭い爪　黒色～茶色の体毛、またはヌメヌメのウロコに覆われている
体長	1.5～2.1メートル
危険度	■■□□□

170

沼に潜む攻撃的な半獣

トカゲ男

　人とトカゲの間に生まれたような姿をして、凶暴な性質で人々を襲うのがトカゲ男だ。

　走る車を追いかけて襲ったという事件が最初で、その日と前後して目撃事件が多発。沼の近くに35センチメートルもある足跡が発見された。幅は10センチメートル、指は3本。人間のものはでないことは明らかだった。騒ぎは大きくなり、1億円以上の賞金もかけられるほどとなった。

　そんな中、空軍の兵士が沼の近くで襲われて、首を負傷する事件が起きた。兵士は銃で戦い、数発が命中。しかし、トカゲ男は平気な顔で沼へと戻っていったそうだ。

国・地域	アメリカ
場所	沼
特徴	トカゲに似た顔　赤い目　長い腕
	黒い爪　手足の指は3本　緑色のウロコ
体長	2メートル
危険度	

海水・淡水

173

水辺に現れる海外版河童？

カエル男
（フロッグマン）

カエルのような顔をしていて、ヌメヌメした皮膚、手足に水かきがあり、2本足で歩く生物——こんな特徴を聞かされたら河童だと断定しそうになるが、これは河童ではなくカエル男と呼ばれるUMAだ。

カエル男は路上で目撃されたり、川に入っていくところを目撃されたりしている。また、この川の付近で足跡のようなものも発見されている。

人間を襲ったという情報はないようだが、車を走行中に出くわすことが多いせいかもしれない。目の前に現れたら、攻撃してくる可能性もあるのではないだろうか。

国・地域	アメリカ
場所	川
特徴	カエルのような顔
	湿った皮膚　背中にトゲトゲの突起
	手足に水かき　2足歩行
体長	1.2〜1.5メートル
危険度	

海水・淡水

目撃者1000人、中国のネッシー
テンシー

　中国の天池（ティエンチー）に棲むとされるテンシーは、1000人もの目撃者を持つ。2003年には50分の間に5回も姿を見せ、一度に20頭も水中から現れることもあったという。
　カモのような口、赤い毛などという情報もある。体の情報すべてを総合すると、かなり奇妙な生き物ができ上がるが、本当の姿はどのようなものなのだろうか。

- 国・地域　中国
- 場所　池
- 特徴　ウシやウマ、またはイヌのような頭　ワニのような体　黒光りする背中　白い腹　頭に角
- 体長　3〜10メートル
- 危険度

湖に棲み、月夜に姿を見せる
ミゴー

 ミゴーは、ニューブリテン島にある湖の底に棲んでいるとされるUMAだ。満月の夜になると水から上がってくるというから、何となくロマンティック。原住民たちはミゴーを精霊だと考えているそうだ。

 ミゴーは水草などの植物も食べるが、野ブタや鳥などもエサにする。歯は小さいが鋭いので、肉を食うときには役立ちそうだ。野ブタを食べるなら、人間も襲われるかもしれないので要注意。

国・地域	パプアニューギニア
場所	湖
特徴	長い首　ウマのようなたてがみ　カメのような手足　鋭い歯　灰色〜茶色の体
体長	5〜10メートル
危険度	■■■□□

人を水に引きこむウマウナギ
ペイステ

　ペイステは上半身がウマで下半身がウナギという、幻想的な姿をしたUMAだ。背中にはたてがみもあり、まるで神話にでも出てきそうな雰囲気がある。アイルランドは妖精の多い土地なので、ペイステは、精霊ではないかという気もする。

　しかし、幻想的なのは外見だけで、実は恐ろしい性質なのだ。人間を捕まえては湖の中に引きずりこんで殺してしまうそうだ。

国・地域	アイルランド
場所	湖
特徴	ウマの上半身　ウナギの下半身
体長	2～4メートル
危険度	■■■■■

海水・淡水

目撃すると呪われる悪魔の竜
ニンキナンカ

悪魔の竜と呼ばれる、ニンキナンカ。悪魔と呼ばれるのは、その姿を見た人間は、即、病気になり死んでしまうから。そのため、目撃者の数はとても少ない。2003年に目撃した男性は、ある植物の実を食べたため毒消しとなり、運よく助かったそうだ。

ニンキナンカの角、ウロコ、皮膚などには魔力があり、持っていると金持ちになる。そのかわり寿命が縮むというから、何とも悪魔らしい。

国・地域	西アフリカ
場所	川
特徴	3本の角　ウマのような顔　キリンのような首　鏡のようなウロコ　ワニのような胴
体長	10〜15メートル
危険度	■■■■■

179

水中から現れる獰猛な怪獣
バンイップ

　川に出没する怪獣、バンイップ。特徴の欄に記したとおり外見には2つのタイプがあるようだが、どちらのタイプでも、顔はイヌに似ているという。
　1977年に出没し、近所の多くの住民が目撃。近くの草むらには、食いちぎられた子ヒツジの死体が見つかるなどの事件が起こった。
　普段は川の底で静かに暮らしているが、水から上がると動物や人間を襲う凶暴なUMAだ。

国・地域	オーストラリア
場所	川
特徴	タイプ1…アザラシのような毛　ヒレを持つ タイプ2…長い毛に覆われている　ガチョウ似　ウマのような尾　小さなキバ
体長	1～5メートル
危険度	■■■■□

180

人の頭を割って脳を食べ尽くす
ラウ

　ラウはアフリカのナイル川に棲息しているといわれるUMAだ。30メートルにもなる長い体は、世界最長を誇るナイル川に棲んでいるだけのことはあるというべきか。

　性質は野蛮で、出会った人間の頭をかち割って脳みそを食べてしまう。出会うこと自体が珍しい上に、出会った場合でも食われてしまうため、目撃情報が残らないのだ。

国・地域	アフリカ
場所	川
特徴	頭に冠羽　カバのような体または極太のヘビのような体　体は黄色〜茶色
体長	12〜30メートル
危険度	■■■■■

海水・淡水

湖の底に沈む建造物を守り続ける
ロッキー

　アメリカのロック湖にはロッキーと呼ばれる巨大生物が棲みついているとされる。この湖にはピラミッドのような遺跡が多く沈んでいるといわれ、ロッキーはこれらを守っているというのだ。
　ロック湖で釣りをしていると、船が沈められて釣り人が死ぬという事件が何度も起こっている。これは遺跡を守る魔物の仕業とされ、怒りをしずめるために儀式なども行われているそうだ。

国・地域	アメリカ
場所	湖
特徴	ウマのような頭
	ヘビのような胴
	コブのある背中　茶色っぽい体
体長	10～20メートル
危険度	■■■■□

海水・淡水

湖に棲む全長20メートルのクジラ

ジャノ

　ジャノはトルコのヴァン湖に棲息する巨大UMAだ。体を上下に波打たせて泳ぐことが特徴で、潮を吹いたり、真上にジャンプしたり、ウォーと鳴き声を上げたりする。

　ジャノの正体は、数千年前に絶滅したクジラの一種だという説がある。琵琶湖の5倍もの広さがあるヴァン湖。広く深い湖の底には、巨大な古代生物が生き残っていても不思議ではない。

国・地域	トルコ
場所	湖
特徴	茶褐色の皮膚
体長	20メートル
危険度	

183

海水・淡水

巨大なコイか？ 5メートルの大魚
ナミタロウ

新潟県糸魚川市にある高浪の池に、ナミタロウと呼ばれる大きな魚が棲息している。糸魚川商工課によると、ナミタロウは人目につかない深い底に8匹ほど棲んでいるという。

巨大魚は話題となり、写真撮影に成功すれば30万円の賞金がもらえるイベントが開催された。このとき地元の人が3.5メートルほどの魚影をカメラに収めた。これがナミタロウだったのだろうか。

国・地域	日本
場所	池
特徴	ソウギョ（コイの仲間）に似ている
体長	4〜5メートル
危険度	

184

空
そら

ジャージー・デビルやスカイフィッシュなど
空飛ぶ UMA
そら と　　　 ユーマ

27体
たい

185

現代に現れたジュラ紀の翼竜

コンガマトー

186

空

沼地に棲む凶暴な怪鳥コンガマトー。魚や小動物を食べて生きているが、自分より大型のものも襲う。食べるために襲うのではなく、縄張りに入ったものに対し、容赦なく攻撃するのだ。

うっかり足を踏み入れてしまった人間が襲われる事件も多い。キィキィと鳴いて仲間を呼び寄せ、複数で攻撃をしかけてくるというから、恐ろしいことだ。

翼を持つ恐竜の生き残りとされてきたが、2012年には木登りをするコンガマトーらしき生物が目撃された。これにより、哺乳類の可能性が出てきたという。

国・地域	アフリカ
場所	空
特徴	コウモリのような翼 長いくちばし 鋭い歯 黒色〜茶色の体 白色〜灰色の尾
体長	1.5〜2.5メートル
危険度	■■■■□

187

人間を捕らえたまま飛翔する巨大怪鳥
サンダーバード

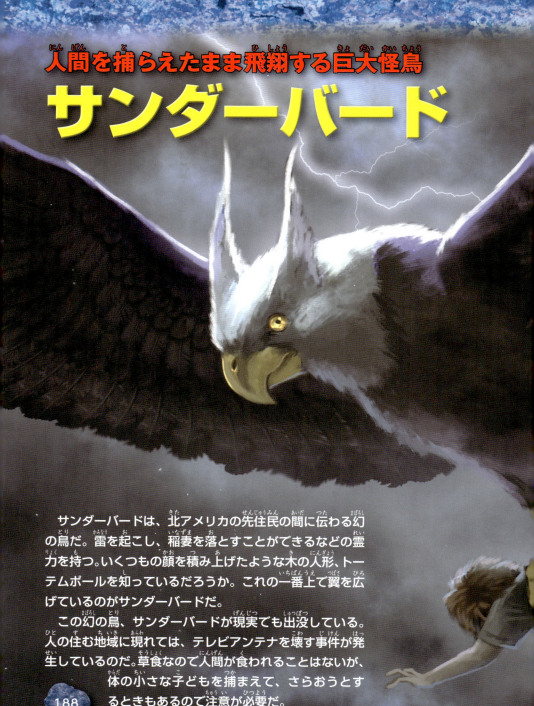

　サンダーバードは、北アメリカの先住民の間に伝わる幻の鳥だ。雷を起こし、稲妻を落とすことができるなどの霊力を持つ。いくつもの顔を積み上げたような木の人形、トーテムポールを知っているだろうか。これの一番上で翼を広げているのがサンダーバードだ。
　この幻の鳥、サンダーバードが現実でも出没している。人の住む地域に現れては、テレビアンテナを壊す事件が発生しているのだ。草食なので人間が食われることはないが、体の小さな子どもを捕まえて、さらおうとするときもあるので注意が必要だ。

空

国・地域	北アメリカ
場所	空　住宅地
特徴	黒色の翼　白色の頭　全身が白色の個体もいる
体長	3～10メートル
危険度	■■□□□

189

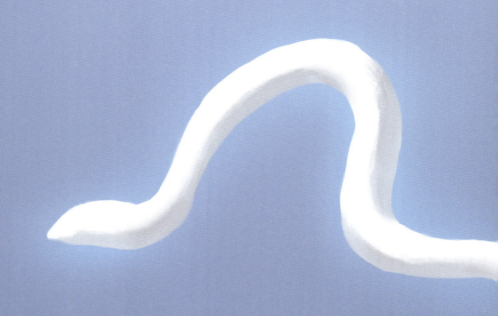

国・地域	メキシコ
場所	空
特徴	イモ虫またはヘビのようなもの　頭や胴や尾の区別はない　白が多いが、赤、青、黄が混じった色のものもある
体長	5〜10メートル
危険度	■□□□□

空

グニャグニャと動く糸状飛行物体
フライング・サーペント

　フライング・サーペントは、空飛ぶ未確認生物だ。体をくねらせたり、伸び縮みさせたりしながら移動する。しかし、どちらが頭なのかもわからず、進んでいるのかバックしているのかは不明だ。
　高度100メートルほどのところを漂い、ときどき白い色の玉を吐き出していたこともある。卵でも産んでいたのだろうか。
　ほかには、何匹かがからみあって飛んでいるタイプや、赤、青、黄の色が混じったタイプなどの目撃情報も。正体はわからないが、空から降りてこないので危険はないだろう。

191

空飛ぶ謎の生命たち―UFC

空飛ぶ円盤は「UFO」と呼ばれ、未確認飛行物体のことを指す。これはUnidentified（未確認の）Flying（飛ぶ）Object（物体）という言葉の頭文字をとったものだ。

UFOは一般的に乗り物の形をしているが、中には生物のような形や動きを見せるものがある。これを「UFC」と呼ぶ。Unidentified（未確認の）Flying（飛ぶ）Creatures（生物）の頭文字だ。UFCが生物であるならば、空飛ぶUMAということになる。

UFCの一種であるフライング・ヒューマノイド（212ページ）が目撃された時期から、生物タイプの飛行物体が多く目撃されるようになった。何か関係があるのだろうか？

UFCの形は実にさまざまだ。タコの手足のようだったり、鳥に似た形をしていたり、ヘビのようだったり。出現する国もさまざまなので、ふと空を見上げたときにUFCを目撃する可能性はだれにだってあるのだ。

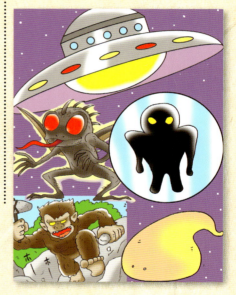

▲UFCは未確認飛行物体でもあり、未確認の生物でもある

192

1997年イタリアで撮影されたUFC

　手足を広げた生き物のように見える。1本長く伸びているのは、くちばしを持つ顔のようだ。

オヨ・フリオ
2006年 メキシコ

　イモ虫かヘビのような姿をしていて、全長20メートル以上だと考えられている。空を飛ぶが翼は見当たらず、目撃時には地上から50メートルほど上を漂っていたという。出現したのは、UFO目撃情報が多発している地域だ。ひょっとすると、宇宙から来た生物なのだろうか。

フライング・ストリングス
2003年 メキシコ

　ネックレスのようなリング状のUFC。
　生きているようにウネウネと動きながら上空を飛びまわり、黒い卵のようなものを吐き出したという。これは卵だったのだろうか。やがて卵がかえって、数が増えていったら恐ろしいことだ。

フライング・ホース
2005年 イタリア

　ウマのような姿をしている物体が、地上から30メートルほど上空に現れた。体は動かさず、前足だけをバタバタと動かしていたという。地上から空にかけ上がっている最中だったのだろうか。
　風船だという説もあるが、正体はわからない。

193

出没すると不幸が起こる呪いの蛾男

モスマン

モスマンは、出現すると不幸なできごとが起こる呪いのUMAだ。UFOの出現とあわせて目撃されている。

翼はあるが動かさず、すべるように空中を移動する。時速160キロメートルも出すことができ、走行中の車を追いかけたという報告もある。赤い目を光らせて、キイキイと鳴きながら追ってくるそうだ。

モスマンは見るだけで呪いがかかるといわれている。モスマンを扱った映画が作られたことがあり、関係者80人以上が次々と謎の死を遂げた。

モスマン目撃後、電気がついたり消えたりなどの怪奇現象に悩まされる人もいる。

国・地域	アメリカ
場所	空　町
特徴	人間の体にガの羽　頭がない　胸にあたる部分に、大きくて赤い目　黒っぽい体毛　翼長約3メートル
体長	2メートル
危険度	■■■■■

夜になると変身する女吸血鬼
アスワング

国・地域	フィリピン
場所	空　住宅地
特徴	イヌのような顔　コウモリのような翼 大きくふくれた腹　毛に覆われている ヘビよりも長い舌　鋭い爪
体長	1.5〜1.8メートル
危険度	■■■■■

空

フィリピンには、女吸血鬼アスワングの伝説がある。昼間は人間の美女だが、夜になるとコウモリの翼が生え、醜い姿に変身する。満月の夜には人間のもとに現れ、男だけを狙って血を吸う。吸血に使う長い舌には魔力があり、影をなめられただけで死ぬことがあるという。

この怪物が2004年以降、現実世界で目撃されるようになった。ある男性は、アスワングが頭の上を通っていっただけで気を失い、救助されたときには大量の血が抜かれていた。また、住宅地の上空にアスワングらしき生物が飛んでいるところや、屋根に降り立ったところなども撮影されている。

200年以上目撃され続けている悪魔
ジャージー・デビル

　ジャージー・デビルは、200年以上目撃されているUMAで、子どもの体が悪魔に乗っ取られて誕生したという噂だ。

　目撃の始まりは1800年代で、このときの発見者は銃で翼を撃ちぬいた。1925年には、ニワトリやアヒルなどの家畜が惨殺される事件が起こった。また、ペットとして飼われていた大型のイヌ、ジャーマンシェパードが食い殺される事件も発生。すっかり食われてしまい、小さな肉のかけらだけがそこに残っていたという。

　最近では、2006年に車のドライバーが遭遇。2010年には飛んでいる姿を赤外線スコープがとらえている。

国・地域	アメリカ
場所	空　住宅地　牧場
特徴	ウマのような顔　コウモリのような翼
	黄色、または赤色に光る目　水かきのついた足
	4本のキバ　とがった歯　3つに分かれた尾の先
体長	1.2〜2メートル
危険度	

ジャージー・デビルはこうして誕生した!?

　子どもの体に悪魔が乗り移ったというジャージー・デビル。どうやって悪魔が乗り移り、どうやってUMAが誕生したのだろうか。その謎を解き明かすような伝説が残っている。

　時代は18世紀までさかのぼり、1735年。場所はアメリカのニュージャージー州の近くにある、パインバレンズ。

　ここに住むデボラ・スミス・リーズの13番目の子として生まれてきた男の子が、ジャージー・デビルだ。

　この子がおなかの中にいるときに、リーズは魔術をしていたそうだ。魔術の中で、子どもに呪いがかかる言葉を使った。魔術を行うには、呪いの言葉をたくさん口にしなければいけないのだ。

　そのため、悪魔の乗り移った子が生まれたという。ウマのようにひづめのある手をしていて、コウモリのような翼を持ち、竜のようなしっぽを持っていた。この子はある夜、煙突から外へ飛び立ち、それっきり帰ってこなかったとされる。

　また、リーズが魔術を行っていたのは妊娠中ではなく、男の子を産んだ後だという説もある。赤ん坊を抱いて魔術を行い、呪いの言葉を口にしたとたん、赤ん坊がむくむくと巨大化して悪

魔のような姿になり、翼を広げて飛んでいってしまったとか。

　どちらにしても、母親が魔術を行っていて、子を呪う言葉を口にしたことがきっかけで悪魔が乗り移ったという話だ。そしてその後、翼を広げてどこかへ飛んでいってしまったのだ。

　ジャージー・デビルが誕生してから、近所で子どもが行方不明になったり原因不明の死をとげたりすると、リーズ家の悪魔の仕業だといわれるようになった。

　一番古い記録は1800年代だが、1909年の1月には、目撃者が続出。たった1週間で数千件の目撃情報が寄せられて、全米がパニックにおちいったという。

　また、1925年に多くの家畜を襲ったとされる事件では、地元の新聞が取り上げるほどだった。

　それにしても、2000年に入ってからも目撃情報があるのはどういうことだろう。ジャージー・デビルは1匹ではなく何匹もいて、子孫を残しているのだろうか。それとも、悪魔だから寿命などなく、1匹がずっと存在し続けているのだろうか。

　まだまだこの後何百年も、ジャージー・デビルは翼をはためかせて人間の前に姿を現し続けるのかもしれない。

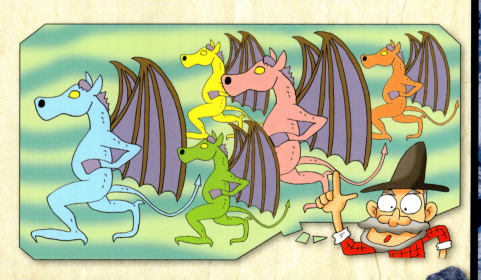

映像にだけ映る高速飛行の生物
スカイフィッシュ

スカイフィッシュは超高速で空中を飛ぶ生物で、1990 年代から見られるようになった。同じ姿だが、虹色をしたレインボーロッドと呼ばれる生物もいる。

あまりに速く飛ぶため、肉眼ではとらえることができず、映像をスローで再生したときに、偶然発見された。飛行速度は時速 80 ～ 270 キロメートルと個体によって違うが、最速で時速 9720 キロ。肉眼では見えるわけがない。ちなみに、新幹線の速さが時速 300 キロメートルほどだ。

建物の中でも外でも、世界中どこにでも姿を見せる。日本では、兵庫県の六甲山あたりによく現れるという。

空

国・地域	世界各地
場所	空
特徴	白色〜半透明または虹色のものもいる　棒のような体 体の両脇に長くて大きなヒレ
体長	30センチメートル〜数百メートル
危険度	■■□□□

スカイフィッシュの謎

●カメラに何度も写りこむスカイフィッシュ

映像コーディネーター、エスカミーラ氏のカメラにスカイフィッシュが写りこんだのは、1994年のこと。UFOを撮影するつもりで設置したカメラだった。

そこに移っていたのは待ちわびていたUFOではなく、カメラを横切る黒い棒のようなもの。改めてカメラを2台設置してみても、2台とも同じ物体が写りこんでいた。

映像をスローで再生してみても、コマ送りで見てみても、虫や鳥ではないことがわかった。棒状の体にヒレを持つ、未確認飛行生物だったのだ。

その後、エスカミーラの呼びかけで、アメリカ各地からスカイフィッシュの映像が集まってきた。色が違ったり、ヒレがなかったりなどの差はあるものの、各地にスカイフィッシュが棲息していることが判明したのだ。

●スカイフィッシュの正体

　その後、スカイフィッシュはハエだという説が出てきた。カメラのレンズにかなり近い位置で虫が横切ると、細長い姿となって写る。遠くにピントを合わせていると姿がぼやけ、高速で動かしている羽がヒレのように写るというのだ。

　虫をスカイフィッシュ的に撮影する実験も行われていて、それはみごとに成功している。虫を使えば、スカイフィッシュの映像を撮影できるのだ。スカイフィッシュの正体は「高速でカメラを横切る虫の残像」だということが証明された。

　ちなみに、ハイビジョンカメラだと残像が写りこまず、スカイフィッシュが現れることはないという。

●残る謎

　ところが、水中にもスカイフィッシュが現れていた。1999年、水中で撮影された映像に写りこんでいたのだ。虫が水中に落ちたとしても、高速で羽を動かしてレンズ前を横切るわけはない。

　また、誤撮影が起きないはずのハイビジョンカメラに、スカイフィッシュが写るというできごとも起きた。

　2008年、飛行機内の窓からハイビジョンカメラで撮影した風景に写っていたのだ。全長100メートル以上と思われる、長い体のスカイフィッシュだった。

　ハイビジョンだったというのは勘違いで、使ったのは普通のカメラかもしれない。だから写ったのだとしても、残像が100メートルにまで長くなることはありえないという。

　これらの正体は何であろうか。虫ではなく、ほかの生き物が誤撮影されたものだろうか。それともやはり、我々がまだ確認できていない未知の生物、スカイフィッシュなのだろうか。

205

腐った肉を好むおぞましい翼竜
ローペン

国・地域	パプアニューギニア
場所	空
特徴	黒っぽい体　コウモリのような翼　長い尾
	尾の先はひし形　鋭い歯の生えた長いくちばし
	とさか状の毛が後頭部に少し生えている
	首から尾まで、コブのようなものが並ぶ
体長	翼長1〜3メートル　または7〜10メートル
危険度	■■■■□

空

現地で空飛ぶ悪魔と呼ばれ、恐れられているのがローペンだ。くちばしにずらりと並ぶ、ワニのような鋭い歯で肉を食らう。魚や貝などを食べるが、動物や人間も襲う。特に、腐った肉を好むというから不気味である。

大きさは2種類あり、広げた翼の長さ1～3メートルのものと、7～10メートルという怪物級のものがいるらしい。雄と雌の違いだろうか。

漁師たちが海に出ると、上空にローペンが現れることがあるという。船上の獲物を盗んでいったり、エサを奪っていったり、ときには漁師を襲ったりすることもある。

遭遇した人間は謎の死を遂げる
ジーナフォイロ

空

巨大なコウモリのようなジーナフォイロは、空中を自由に飛ぶだけでなく、戸の閉まっている建物の中にも入ることができるUMAだ。つまり、壁抜けのような超能力を持っているというのだ。

ジーナフォイロに遭遇すると、強烈な臭いに襲われる。これは危険物質をともなっていて、かぐと具合が悪くなる。近づいただけで気を失ったり、頭痛や吐き気で1週間苦しんだりといった症状が出るのだ。近寄らないことが一番だが、目をあわせると金縛りのように動けなくなるとか。そこに近寄ってこられたら、防ぎようがない。

国・地域	アフリカ
場所	空　家の中
特徴	トカゲのような顔　黄色い目　尾がある　ところどころに穴のあいたコウモリのような翼　青白い光を放つ足に3本のかぎ爪
体長	1.2メートル〜家ほどの大きさ
危険度	■■■■■

209

空から舞い降り人をさらう
ビッグ・バード
210

空

ビッグ・バードはその名のとおり、大きな鳥だ。1万年前に絶滅したといわれる、テラトルニスコンドルによく似ている。

アメリカの小さな町ローンディールでは、10歳の少年が襲われて連れ去られそうになる事件が発生。2羽でやってきた怪鳥のうち1羽が少年の背中をつかんで持ち上げた。60センチメートルほど浮かび上がったが、少年が抵抗したために少年を放して飛び去ったという。このような状況になってしまったら、力いっぱい抵抗すべし。

専門家によると、30キログラムもあるものをつかんで飛ぶなど、普通の鳥ではありえないという。

国・地域	アメリカ　イギリス
場所	空〜地上
特徴	翼を広げた長さ3〜5メートル 首にリング型の白い毛　毛のない頭 S字に曲がった首　推定体重20キログラム
体長	2〜3メートル
危険度	■■■■□

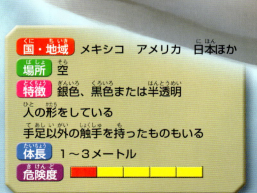

国・地域	メキシコ　アメリカ　日本ほか
場所	空
特徴	銀色、黒色または半透明 人の形をしている 手足以外の触手を持ったものもいる
体長	1～3メートル
危険度	■■■■■■

空

翼もなく飛び続けるヒト型の物体
フライング・ヒューマノイド

　人間の形をした飛行物体、フライング・ヒューマノイド。左右に飛びまわったり、地上に向かってきたりと空を移動するのだが、このUMAは翼を持っていない。腕をはばたかせているわけでもなければ、飛行装置もつけていない。どうやって飛んでいるのか、まったくの謎なのだ。
　メキシコが最初の目撃地で、その後アメリカや日本などでも見られるようになった。メキシコといえばUFOの目撃多発地帯で、UFOの基地があるといわれるほど。しかし、フライング・ヒューマノイドの目撃時にUFO出現の情報はないので、両者は無関係なようである。

213

女の子ばかりが目撃するフクロウ人間

オウルマン

　フクロウと人間の子だという説のあるオウルマンは、1976年に目撃されたのが始まりだ。9歳の少女が空を飛ぶオウルマンを見つけ、一緒にいた12歳の姉も目撃した。その3か月後には14歳の少女二人が、森の中で遭遇したという情報がある。

　2年後の6月には16歳の少女が目撃、8月にはフランス人の少女二人が目撃している。なぜか目撃者は女の子ばかり。少女を襲うために観察していたのか、偶然が重なっただけなのか。もう姿を見せなくなったので、その理由はわからないままだ。

国・地域	イギリス
場所	空　森
特徴	とがった耳　真っ赤な目 大きな口　灰色〜銀色の羽毛 足にかぎ爪　フクロウの翼　人間の体
体長	1.5〜1.7メートル
危険度	■□□□□

214

人間を攻撃する一つ目コウモリ
ポポバワ

　コウモリ型のUMAは何種かいるものの、このポポバワは一つ目という変わり種だ。昼間は人間の姿をしているという噂もある。性質は凶暴で、やたらと人間を襲う。
　この怪物は非常に臭いという。近くに来るだけで気づくほどの刺激臭らしい。棲息地のタンザニアのザンジバル諸島に行ったときには、怪しいにおいに注意することを忘れずに。

国・地域	タンザニア
場所	空〜地上
特徴	コウモリのような翼 目が1つ 鋭いかぎ爪
体長	コウモリくらい
危険度	■■■■□

216

空

形を変えながら飛ぶ半透明のイモ虫
スペース・キャタピラー

スペース・キャタピラーは、1976年に日本の上空に現れた。目撃者は警視庁鑑識課の人たちで、7人が同時に目撃しているという。

その姿はクラゲのようでもあり、イモ虫のようでもあった。体をくねらせて、丸まったり伸びたりしながら、移動したとされる。飛びまわるだけで消えたというから、特に危険はなさそうだ。

国・地域	日本
場所	町の上空
特徴	イモ虫のような体　半透明 腹部に触覚のようなもの
体長	100メートル
危険度	■■■■■

217

魔法使いのように姿を変える怪物
ヴァウォコジ

　映画のような事件が起きた。スーツ姿の人間に声をかけたとたん、ブタやコウモリに変身したというのだ。その後、黒い服を着た男が、巨大なイヌに姿を変えるという事件が起きた。町は大騒ぎになり警察も出動することになったそうだ。
　このUMAの正体は、ヴァウォコジではないかと噂されている。地元に伝わる怪物ヴァウォコジは、いろいろな生き物に姿を変える妖怪なのだ。

国・地域	南アフリカ
場所	空　町
特徴	ブタの姿、コウモリの姿、コウモリの羽の生えたブタなど、いろいろな姿に変身
体長	イヌ〜人間くらい
危険度	■■□□□

218

村を襲ったコウモリ人間
オラン・バディ
（オラン・バッチ）

国・地域	インドネシア
場所	空町
特徴	真っ赤な目　背中に翼　長い尾　血の色をした体毛　2足歩行ができる
体長	1.2〜1.5メートル
危険度	■■■■■

　オラン・バディは、インドネシアのセラム島に棲むコウモリ人間だ。人間の体にコウモリの翼だけでも恐ろしいが、目は赤く、体毛は血の色で、長い尾は悪魔のしっぽのようだ。
　昼間は島にある地下洞窟で眠っていて、夜になると活動を開始。人里に下りてきては人間の子どもを連れ去って食う。2003年に現地で調査が行われたが、正体などはまだ不明だという。

219

空

風に乗ってやってくるコウモリ人
マンバット

マンバットはコウモリのようなUMA。体長は2メートルほどだというから、かなりの大きさだ。翼の長さは3メートル以上もあるという。

2006年に目撃情報がある。風に乗って目撃者のほうに飛んできたが、危害を加えてくることもなく、うなり声を上げて飛び去った。しかし、目撃者はこの後、体調を崩したそうなので、呪いのようなものをかけていったのかもしれない。

国・地域	アメリカ
場所	空～地上
特徴	コウモリのような翼 翼の先端にはかぎ爪の手
体長	1.8～2.1メートル
危険度	■■■■□

成層圏より上空に棲む生命体
クリッター

クリッターは、ガスのような状態の生命体だという。普段は成層圏よりも上に棲んでいるが、たまたま低く降りてきたときに、人間に目撃される。
ガス状なので、形を自由に変える。円盤型で現れることが多いため、UFO目撃情報の多くがクリッターだという説もある。家の中に入ってくることもあるらしいので、きみの部屋で遭遇する可能性もないとはいえない。

国・地域	世界中
場所	空 家
特徴	体の形がアメーバのように変化する 円盤状のことが多い
体長	1～30センチメートル
危険度	■■■■■

221

生き物を襲い肉を食らう発光体
プラズマ生命体

　生きている光の玉がある、と聞いて信じる人はいるだろうか。プラズマ生命体は、ドクンドクンと心臓のように脈打つ発光体だ。

　2010年には、この発光体がイギリスの農場で撮影された。近所では家畜が何者かに引き裂かれるという事件が相次いで起きていた時期だった。

　光が生き物を襲うとは考えにくいが、生命を持つ光だったら、そんなこともあるのだろうか。

国・地域	イギリス
場所	空〜地上
特徴	オレンジ色の光　赤色の光
体長	不明
危険度	■■■■■

キバを持ち生き血を吸う怪鳥
吸血怪鳥

　1989年に、長く鋭い2本のキバを持つ吸血怪鳥が捕獲された。農家で飼われているニワトリの首に食らいつき、生き血を吸っていたのだ。場所はチュパカブラ（8ページ）の出没で有名なプエルトリコ。そのため、新種のチュパカブラではないかという説もある。

　捕獲した鳥は、政府の調査員だと名乗る人物が持ち去ってしまった。何だか怪しい結末だ。

国・地域	プエルトリコ
場所	空　農場
特徴	茶色っぽい体　2本の長いキバ
体長	20センチメートル
危険度	■■■■□

223

人間か宇宙人かUMAか
空飛ぶ仏教僧

2009年に目撃および撮影されている空飛ぶ仏教僧。名前だけ聞くと、両手を翼のように広げて飛んでいるお坊さんを思い浮かべるだろうが、撮影されたのはピーンと体をまっすぐに「気をつけ」をしている姿だ。いったいどうやって飛んでいるのか。

ミャンマーという仏教の土地だからこそ、お坊さん姿のUMAが現れたのか。それとも、修行して超能力を身につけた本物の僧が飛んでいたのか。

国・地域	ミャンマー
場所	空
特徴	人間の形
体長	不明
危険度	■■□□□

224

空

空をのたうちまわるしま模様のヘビ
スカイ・サーペント

1873年にアメリカのテキサス州で目撃されているスカイ・サーペント。シー・サーペント（122ページ）の海バージョン的なUMAだ。
空飛ぶヘビと聞けば、スイスイと泳ぐように進んでいくイメージがわくが、のたうちまわりながら飛ぶそうだ。太さは電信柱ほどだという。
地上に降りてきたという情報はないが、地面でのたうちまわったら大事故になるだろう。

国・地域	アメリカ
場所	空
特徴	銀色と黄色のしま模様 電柱ほどの太さ
体長	不明
危険度	■■■■■

225

魚型のロボットかUFOか？
変形生命体

　カナダの男性が、空飛ぶ未確認生物を目撃した。空は飛んでいるものの翼があるわけではなく、そもそも生き物には見えない、変形生命体だった。

　男性によると、ロボットのようだったがUFOではなかったとのこと。東の空から現れて、意志があるように北の方角へと移動し、消えたという。撮影された写真では、魚型の機械のようだ。正面から見ると、ヒレのようなものもある。

国・地域	カナダ
場所	空
特徴	金属のよう 魚のヒレのようなものがある
体長	3〜4メートル
危険度	■■■■■

日本に残るミイラ－UMAか妖怪か？

　日本の各地には、正体のわからない生物のミイラがいくつも残っている。

　たとえば、新潟県に残っている雷獣が有名だ。雷獣とは、雷が落ちると同時に天から降ってくる妖怪である。小さめのイヌくらいのサイズで、爪は鋭いとされる。

　この雷獣だと伝えられるミイラが、新潟県長岡市にある西生寺の宝物館に伝わっているのだ。見たところネコのようでもあるが、体はネコよりは少し大きめだ。

　この妖怪ミイラは正体が確認されていない生物なのだから、UMAのミイラでもあるのだ。

　妖怪ミイラはほかにもある。和歌山県御坊市の歴史民俗資料館には、カラス天狗のミイラが展示されている。大阪府大阪市浪速区の瑞龍寺には竜のミイラが、大分県宇佐市の大乗院には鬼のミイラが安置されている。そのほか、河童や人魚など、妖怪のミイラは日本各地に残っている。

　動物や人の骨を組み合わせたり、紙を貼りつけたりしたニセモノだと判明しているものもあるが、まだ調査されていないものもある。

　各地に伝わるミイラの正体は、本当に妖怪なのか、作られたニセモノか、普通の生物がミイラ化しただけなのか。現代の技術ならば簡単にその正体がわかることだろう。しかし、このままUMAとして、謎めいた存在でいてほしいとも思う。

227

光体のUMA

　通常の生物も未確認の生物も、水に棲むものはヒレや尾を持ち、陸に棲むものは2本足や4本足を持ち、空に棲むものは翼を持つなど、それぞれの場所に合った体を持っている。
　ところが、どういう体をしているのかわからないUMAもいる。光体タイプのUMAだ。プラズマ生命体（222ページ）がこのタイプだ。
　炎のようでもあり、発光体のようでもある体は、捕まえることなどできないかのように見える。この体からは、どこに棲んでいるかの見当もつかない。宇宙や異次元からやってきた生物なのだろうか。

ライト・ビーイング
地域：アメリカ
全長：15～20センチメートル

　人間のように2本足と2本の腕を持つ。背中の翼と、頭の触覚、顔の長さほどもある耳の大きさは、妖精を連想させる。
　白く光る体で、室内の天井付近をフワフワと飛んでいたり、外で写真を撮ると写りこんだりと、気まぐれに姿を見せるのは妖精ならではの行動かもしれない。

ファイアー・エンジェル
地域：中南米
全長：不明

　名前を日本語にすると「炎の天使」だ。その名のとおり、火がついている天使のような物体が映像に映りこむ。天使は空中を舞い、去るときは火を消すようにフッと姿を消すという。日本の「火の玉」のようなものかもしれない。

空飛ぶエイ

地域：カナダ
全長：約1メートル

長い尾に平たい体を持ち、空を飛ぶように海を泳ぐエイ。エイは海に棲む生物だが、これが光体となって一般民家に現れたという。部屋に現れた空飛ぶエイは光っていて、天井あたりを飛びまわった後、姿を消したそうだ。
普段、何かの反射だと思っている光も、よく見たらエイの形をしているのかもしれない。

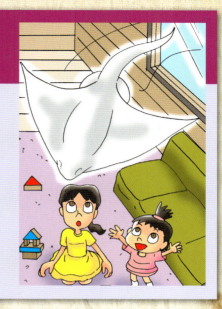

顔を持つオーブ

地域：世界各地
全長：大小さまざま

オーブとは写真などに写りこむ、光る玉のことだ。普通のオーブでも不思議な存在だが、オーブの中でもさらに不思議なものが、顔を持つオーブだ。さまざまなものが映像に残っている。
1996年オーストラリアでは、人の顔を持つオーブが撮影された。夜になると撮影者の家にオーブが出るため、ビデオを撮ってみたところ顔を持つものが映っていたという。

2009年アメリカで、爬虫類タイプの異星人（レプティリアン）のような顔を持つオーブが撮影された。「レプティリアン・オーブ」と呼ばれている。

229

まだまだいる猿人たち

　サルのようだがヒトのようでもある、自然の中に棲む猿人たち。イエティ（32ページ）やビッグフット（58ページ）が有名だが、ほかにも猿人はたくさんいる。
　友好的なのか？　知能はどのくらいなのか？　いろんな猿人たちを見てみよう。

カクンダカリ　地域：ウガンダ〜コンゴ　体長：60〜90センチメートル

　絶滅したはずの原人だという説がある。知能が高いので、人がしかけた罠を外したり、木の葉を使って袋を作ったりすることがあるという。体毛は灰色っぽく、目は黄色い。

ヌグォイ・ラン　地域：カンボジア・ラタナキリ州　1.8メートル

　灰色〜茶色い体毛で、まゆのあたりがふくらんでいるなど、ゴリラに近い顔をしている。優しい性格らしく、行方不明になった人間の子どもを19年間も育てていたとか。現地では「森の人」と呼ばれ、果物やコウモリなどを食べて生活していると伝えられている。

ノビー　地域：アメリカ・ノースカロライナ州　体長：1.8〜3メートル

　赤みがかった黒っぽい毛。大きめの体は臭いにおいを放ち、体重は200キログラムほど。警戒心が強く、意味のわからない言葉をさけぶ。目撃情報は1970年代からあるが、2010年あたりから目撃者が増えている。

ビッグ・グレイマン　スコットランド　体長：2.5～3メートル

灰色の毛むくじゃら。運動神経がよく、時速70キロメートルものスピードで走る。また、姿を消すことができたり、銃で撃たれても平気だったりなど、特殊な能力を持っているという噂もある。

パロン山の獣人　地域：ボルネオ島　体長：3～7メートル

茶色っぽい体毛は10～15センチメートルほどの長さ。目はカエルのように離れている。言葉は話せないのか、「ゲゲゲ」と鳴くという。1メートル以上の足跡が発見されているので、体長は7メートルぐらいだろうと予想されている。

オラン・ダラム　地域：マレーシア・ジョホール州　体長：1.2～3メートル以上

国立公園にある熱帯雨林地帯に棲息。この地帯には、大型種、中型種、小型種と、3種の獣人が棲息しているという。小型種は別の種類ではなく、大型種の子どもだという説もある。毛深い体で、筋肉質。「ズーズー」と音を立てながら呼吸をするという。

モモ　地域：アメリカ・ミズーリ州　体長：2.1メートル

黒い毛で全身が覆われていて、毛が長いために、顔が見えないほど。毛に隠された目は黄色いという。小動物の死肉を食べると考えられている。

モモが現れたとき、UFOの目撃者が続々と出た。毛むくじゃらの獣人だが、正体は宇宙人なのだろうか？

マンモスはまだ生きている？

今から約1万年前に絶滅したといわれる、マンモス。マンモスも何種類かあるが、一番有名なものがケナガマンモスだ。ゾウに似ていて、U字型の大きなキバを持ち、茶色くて長い毛が全身を覆う。

このマンモスが、現代も生きているという噂がある。目撃者はシベリアの漁師クルージ氏だ。

1918年、湖の近くでクルージ氏は大きな足跡を発見した。長さ30センチメートル、幅60センチメートルというサイズで、足跡を追っていくとこんもりとしたフンが落ちていた。

マンモスと出会ったのは翌日、森の中でのことだった。激しい音とともに目の前の大木が倒れた次の瞬間、長い毛に覆われたゾウのような生き物が現れたのだ。U字の巨大なキバもあったという。

現時点では正式に発見と調査がされたわけではないので、このマンモスの位置づけもUMAだ。果たして、本当にマンモスの生き残りが存在しているのか？

絶滅したはずなのに目撃情報がある生物はほかにもいる。フクロネコのタスマニア・タイガー、背の高いダチョウのモアなどだ。彼らはまだ、正式に発見や調査がされていないために、UMAと呼ばれている。

232

恐竜が進化したらUMAになる?

　恐竜は今から約2億5000万年前、中生代の三畳紀に出現した生物で、白亜紀末まで棲息していた。

　恐竜といえば、ビルのように巨大な体をしているイメージがあるが、ニワトリくらいの体長のものもいた。また、肉を食べる危険なものばかりではなく、草食のおとなしいものもいた。

　そんななか、脳がとても発達した恐竜もいた。体長2メートルほどのトロオドンだ。

　1982年、カナダの古生物学者ラッセル博士は、トロオドンの大きな脳に注目した。彼らが絶滅せずに進化を続けていけば、どんな姿になるかを研究したのだ。

　このシミュレーションされた生物は「ダイノサウロイド」と呼ばれる。「恐竜人」という意味だ。人間などの生物が進化していったデータを元にシミュレーションしてみると、ダイノサウロイドは驚きの姿となった。

　体長は1.2メートルほどで、2足歩行する。トカゲに似た顔、ギョロリと大きな目、3本の指、湿ったような皮膚——水辺に棲むUMA的な姿なのだ。

　カエル男(174ページ)、トカゲ男(172ページ)にとても似ているし、リザードマン(38ページ)、ハニー・スワンプ・モンスター(170ページ)などにもよく似ている。

　高い知能により絶滅を逃れたダイノサウロイドが、半魚人のようなUMAとなって生き延びているのかもしれない。

宇宙人かUMAか？

UMAは新種の生物のようであったり、動物が合体したような姿だったり、妖怪的なものだったりと、さまざまなタイプがいる。

なかでも謎めいているのは、フラットウッズ・モンスター（44ページ）のような宇宙人タイプのUMAではないだろうか。

見た目や行動が、宇宙人を連想させるUMAたち。UFOとともに目撃されることもある。

彼らは地球上の未確認生物か、それとも地球外の生命体なのだろうか？

プラクストンの赤い怪物
地域：アメリカ
体長：1.5メートル以下

公園の中に設置してあったカメラに写りこんだ。

全身に毛が生えた生物で、2本足で歩く。これだけならビッグフットのような獣人UMAだと考えるが、この生物は体が赤い上に、足元がぼんやりと光っているのだ。

人よりもかなり手足が長く、人よりも歩く速度がずいぶん速いところも特徴的だ。

ウクマール
地域：アルゼンチン
体長：60～70センチメートル

最初の目撃は1958年だが2010年に現れたときに射殺されている。

ヒト型の怪物だが、目は緑色に光り、皮膚が赤い。牧草地に姿を見せ「ウー、ウー」とうなっているところを、牧場主が射殺。牧場主は首だけ切り取って、体は捨ててしまったという。

赤い皮膚や光る目は、宇宙人だからだろうか。

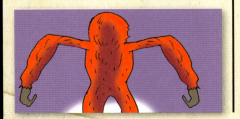

未確認生物UMA 索引

あ行

アスワング…196
アルマス…24
イエティ…32
イエレン…102
イッシー…160
インカニヤンバ…164
ヴァウォコジ…218
ウィラタック…148
ヴェオ…105
ヴェッテルン湖の怪物…148
ウマ人間…84
エイリアン・ビッグ・キャット…20
エクスプローディング・スネーク…95
オウルマン…214
オクトパス・ギガンテウス…134
オゴポゴ…162
オヨ・フリオ（UFC）…193
オラン・イカン…131
オラン・ダラム…231

オラン・バディ（オラン・バッチ）…219
オラン・ペンテグ…100

か行

カエル男（フロッグマン）…174
顔を持つオーブ…229
カクンダカリ…230
ガゼガ…110
ガタゴン…117
カバゴン…150
キャディ…151
キャビット…64
吸血怪鳥…223
久井町のクイゴン…83
クッシー…168
クラーケン…128
グラスマン…54
クリッター…221
グロブスター…132
ケサランパサラン…86
ケンムン…66

コンガマトー…186

さ行

サンダーバード…188

サンド・ドラゴン…50

シー・サーペント…122

ジーナフォイロ…208

ジェヴォーダンの獣…48

ジャージー・デビル…198

ジャイアント・カンガルー…106

ジャッカ・ロープ…111

シャドウ・ピープル…103

ジャノ…183

スカイ・サーペント…225

スカイフィッシュ…202

スカンクエイプ…30

スペース・キャタピラー…217

スレンダーマン…113

1997年イタリアで
　　撮影されたUFC…193

空飛ぶエイ…229

空飛ぶ仏教僧…224

た行

ダートムーアの野獣…109

太歳…74

タウボ・モンスター…148

タキタロウ…142

タギュア・タギュア・ラグーン…26

タッツェルヴルム…98

多頭人…92

チャンプ…149

チュパカブラ…8

ツチノコ…70

翼ネコ…40

デスモスチルス
　　（南極ゴジラ）…136

テンシー…176

ドアルクー…138

透明人間…120

ドーバーデーモン…16

トカゲ男…172

ドッグマン…56

トヨール…96

237

な 行

ナーガ（メコンナーガ）…158
ナイトクローラー…94
ナウエリート…140
ナミタロウ…184
ナリーポン…107
ナンディベア…46
ニューネッシー…146
ニンキナンカ…179
ニンゲン…144
ヌグォイ・ラン…230
ネッキー…149
ネッシー…152
ノビー…230

は 行

バッツカッチ…112
ハニー・スワンプ・モンスター…170
パロン山の獣人…231
バンイップ…180
ビッグ・グレイマン…231
ビッグ・バード…210

ビッグフット…58
ヒツジ男…72
ヒバゴン…80
ファイアー・エンジェル…228
フォウクモンスター…22
フライング・サーペント…190
フライング・ストリングス
　（UFC）…193
フライング・ヒューマノイド…212
フライング・ホース（UFC）…193
プラズマ生命体…222
ブラック・ドッグ
　（ファントム・ドッグ）…78
フラットウッズ・モンスター…44
ベア・ウルフ…68
ペイステ…178
ベーヒアル…104
ペシャクパラング…119
ベッシー…149
変形生命体…226
ヘンティフィア…118
ポポバワ…216

ま行

マピングアリ…108

マンティコア…116

マンバット…220

ミゴー…177

ミニョコン…99

ミネソタ・アイスマン…52

ミンディ…149

ムノチュウ…114

モケーレ・ムベンベ…166

モスマン…194

モノス…90

モモ…231

モラーグ…148

モンキーマン…97

モンゴリアン・デスワーム…18

モントーク・モンスター…115

や行

ヤクートのネッシー…149

山野町のヤマゴン…83

ヤマピカリャー…101

ヨーウィ…28

ら行

ライト・ビーイング…228

ラウ………181

リザードマン…38

レイ…149

ローペン…206

ロッキー…182

■参考文献■
『未確認動物 UMA 大全』並木伸一郎（Gakken）『未確認飛行物体 UFO 大全』並木伸一郎（Gakken）
『決定版　最強の UMA 図鑑』並木伸一郎（Gakken）『ヴィジュアル版　UMA 生態図鑑』並木伸一郎（Gakken）
『未確認動物 UMA の謎』並木伸一郎監修（ポプラ社）『未確認生物 UMA　衝撃の新事実』山口敏太郎（宝島社）
『大迫力！世界の UMA 未確認生物大百科』天野ミチヒロ監修（西東社）
『超保存版　UMA 完全ファイル』飛鳥昭雄（ヒカルランド）『妖怪バイブル』ブレンダローゼン（ガイアブックス）
『神の文化史事典』松村一男他（白水社）『日本妖怪大事典』村上健司（角川書店）『幻獣事典』望獲つきよ（新星出版社）
『世界の「神獣・モンスター」がよくわかる本』東ゆみこ監修（PHP 文庫）
『最驚の宇宙人 & UFO 事典』ながたみかこ（大泉書店）『水木しげるの中国妖怪事典』水木しげる（東京堂出版）
■参考サイト■
月刊ムー公式ウェブ　ムー PLUS　UMA ファン～未確認生物～
怪奇動画ファイル　カラパイア　ミステリーニュースステーション ATLAS

■監修・執筆／ながた みかこ

　三重県生まれ、東京都在住。妖怪・怪談好きの作家、児童文学者。好きな
UMAはナリーポン。2000年に福島正実記念SF童話大賞を『宇宙ダコミ
シェール』（岩崎書店）で受賞。著書に『最驚の宇宙人＆UFO事典』『日本
の妖怪＆都市伝説事典』『世界のモンスター＆怪人怪事件事典』（以上大泉書
店）、『図解大事典 日本の妖怪』（新星出版社）『フシギで楽しい！妖怪・モン
スター図鑑』（池田書店）などがある。

■イラスト／佐渡島まどか　七海ルシア　ナカイケイラ　嵩瀬ひろし
■写真／アフロ
■カバーデザイン／久野 繁
■本文デザイン／スタジオQ's
■編集／ビーアンドエス

本書の内容に関するお問い合わせは、**書名、発行年月日、該当ページを明記**の上、書面、FAX、お
問い合わせフォームにて、当社編集部宛にお送りください。**電話によるお問い合わせはお受けしてお
りません。**また、本書の範囲を超えるご質問等にもお答えできませんので、あらかじめご了承ください。
　FAX：03-3831-0902
　お問い合わせフォーム：http://www.shin-sei.co.jp/np/contact-form3.html

落丁・乱丁のあった場合は、送料当社負担でお取替えいたします。当社営業部宛にお送りください。
本書の複写、複製を希望される場合は、そのつど事前に、出版者著作権管理機構（電話：
03-5244-5088、FAX：03-5244-5089、e-mail：info@jcopy.or.jp）の許諾を得てください。
[JCOPY] ＜出版者著作権管理機構 委託出版物＞

図解大事典　未確認生物UMA

2018年12月15日　初版発行
2022年 8 月15日　第 8 刷発行

監 修 者	な が た み か こ
発 行 者	富 永 靖 弘
印 刷 所	株 式 会 社 高 山

発行所　東京都台東区　株式　新星出版社
　　　　台東2丁目24　会社
　　　　〒110-0016 ☎03(3831)0743

© SHINSEI Publishing Co., Ltd.　　　　Printed in Japan

ISBN978-4-405-07280-0